GIÀ E NON ANCORA
382

Emilio Bonicelli

RITORNO ALLA VITA

Il cammino di un uomo
che lotta per vincere la leucemia

In appendice
COME SI DIVENTA DONATORE DI MIDOLLO
di Luigi Malini

Jaca Book

Prima edizione italiana
dicembre 2001

Quinta edizione
luglio 2005

Copertina e grafica
Ufficio grafico Jaca Book

In copertina
Rielaborazione grafica di un particolare dell'affresco noto come
Madonna del Paradiso, opera di Michele di Matteo, secolo XV.
Abbazia di Santo Stefano, Bologna.
(Durante il ricovero in camera sterile l'autore aveva
portato con sé una riproduzione di questo affresco).

Fotocomposizione e impaginazione
Actualtype srl, Milano

ISBN 88-16-30382-4

Per informazioni sulle opere pubblicate e in programma
ci si può rivolgere a Editoriale Jaca Book SpA - Servizio Lettori
Via Frua 11, 20146 Milano, tel. 02/48561520-29, fax 02/48193361
e-mail: serviziolettori@jacabook.it; sito internet: www.jacabook.it

Mentre ero in camera sterile, dopo il trapianto,
i medici, gli infermieri, mia moglie, i miei figli
potevano avvicinarsi al mio letto
solo indossando il camice, la cuffia, i guanti, i calzari e la mascherina.
Per un intero mese di chi mi assisteva ho visto solo gli occhi.
Sguardi di amore e di condivisione che mi hanno aiutato a vincere
la malattia per rinascere alla vita.
Dedico questo libro a Ileana, Caterina, Davide,
alla dottoressa Paola e a tutti i medici, gli infermieri, gli inservienti
che mi hanno curato,
alle suore del convento di Vitorchiano
e a tutti i parenti e gli amici che hanno pregato per me,
ai colleghi di lavoro che mi hanno sostenuto,
ai volontari che gratuitamente si sono fatti carico delle mie necessità,
all'amico sconosciuto che mi ha donato il midollo,
ai donatori del Registro internazionale,
a tutti i malati di leucemia,
perché l'amore e la speranza non vengano mai meno.

A questo libro è dedicato il sito internet:
www.ritornoallavita.it

All'Associazione Amici Ematologia Talamona, di cui si parla nel libro a pagina 70, è dedicato il sito internet:
http://members.xoom.it/emoamici.
L'Associazione svolge un'intensa attività per rispondere ai bisogni dei pazienti emopatici e delle loro famiglie.
L'indirizzo dell'associazione è: Associazione Amici Ematologia Talamona, presso Ospedale Niguarda Cà Granda, Piazza Ospedale Maggiore 3, 20162 Milano, Tel. e Fax: 02.64442666.

INDICE

PARTE PRIMA

I GIORNI DELLA PAURA

Primo giorno

A fine giugno, mi sono trasferito, con la famiglia, dalla città nella nostra antica casa di pietra in montagna. Il piccolo borgo, otto abitazioni e un oratorio, si raggiunge inerpicandosi per una stradina così stretta che una vettura occupa tutta la carreggiata.

Un lunedì mattina Ileana, mia moglie, mi chiede di accompagnarla dal medico.

«Sono stata in paese per alcuni acquisti. Avevo un forte mal di testa e così, passando in farmacia, ho fatto provare la pressione. I valori sono sopra la norma e la farmacista mi ha suggerito di farmi visitare».

«Andiamo subito», rispondo. E aggiungo: «chiederò anch'io un controllo per quel rigonfiamento a sinistra, sotto le costole».

L'ho scoperto cinque mesi fa. E non se n'è più andato.

All'inizio, di giorno, preso dal mio lavoro di giornalista, me ne dimenticavo. Ma la notte, quando mi sdraiavo sul letto, era lì. Un indurimento sotto la pelle, grosso come una noce. Ne avevo parlato solo con Ileana e avevamo concluso che doveva essere un'innocua cisti.

Potevo tastarlo senza che mi facesse male. Ma, di solito, evitavo anche solo di sfiorarlo. Nonostante la rassicurante ipotesi che avevamo formulato, preferivo non pensarci, perché, se ci pensavo, pensavo il peggio.

Avevo anche cambiato posizione per addormentarmi. Non più sul fianco destro, il mio preferito per scivolare nel sonno. In quel modo, infatti, il grumo si faceva sentire con un leggero fastidio. Ora, spenta la luce, mi affidavo a Dio sul fianco sinistro. E quel coso non si sentiva.

Ma c'era.

E lentamente cresceva. Col passare del tempo si era fatto più invadente e, a volte, mi segnalava la sua presenza anche di giorno. Bastava un movimento brusco e la giacca lo sfiorava facendomelo avvertire.

«Chi sei?», chiedevo e un senso improvviso di vuoto mi paralizzava.

La mia vita era organizzata e definita in ogni momento. Dove trovare spazio per questo estraneo? Il lavoro riempiva già le mie giornate. Viaggiare, telefonare, indagare, intervistare, scrivere, ideare, parlare. Era questa la mia opera. Da artigiano della comunicazione. Da bravo giornalista, scrupoloso, puntuale, ostinato, culo di pietra.

Per gli appuntamenti importanti la mia agenda era già piena sino alla fine dell'anno. Per i rapporti e per gli affetti il tempo era lo stretto indispensabile. Il giornalista osserva, non si coinvolge.

Per questo preferivo fare come se quel grumo non ci fosse, perché mi bastava quello che ero. Evitavo di toccarlo, di pensarlo, di parlarne, di fornirgli occasioni per imporsi nella mia vita.

Avevo spento la luce, nell'illusione di poter nascondere la realtà.

Ma il duro rigonfiamento non se n'è andato. Anzi, un poco alla volta è cresciuto.

Così, alla fine, mi arrendo. Trattengo un attimo il respiro, poi rispondo: «Andiamo subito. Chiederò anch'io un controllo».

Quel grumo insensato ha vinto la prima battaglia. Ammetterlo mi irrita e mi impaurisce, ma la vita è fatta di circostanze e l'unica ragionevolezza è fare i conti con esse, anche quando non sono gradite.

Il medico del paese, Pietro, è nostro amico dai tempi del liceo. Dopo la laurea ha scelto di esercitare in montagna. Il suo ambulatorio è un piccolo negozio trasformato in sala d'attesa e nel retrobottega lo studio. Quando è il nostro turno ci viene incontro con una calorosa stretta di mano. Non è cambiato. Capelli tagliati a spazzola e sorriso da ragazzo. Se non fosse per qualche ruga di fianco agli occhi, mi sembrerebbe di rivederlo all'uscita da scuola.

Pietro prova la pressione a Ileana. I valori sono già tornati normali. Forse la farmacista si è sbagliata. Falso allarme.

«In ogni caso, se il malessere dovesse ripresentarsi, telefonami, a qualunque ora».

Tocca a me. Mi sdraio sul lettino. Sono preoccupato, anche se mentalmente cerco di convincermi che tutto si risolverà con una semplice terapia, qualche pillola, qualche puntura. In realtà temo che per eliminare questo intruso dovrò finire sotto i ferri in sala operatoria.

Dopo avermi fatto alcune domande, Pietro tasta il grumo. Lo circoscrive con mani esperte, quasi a volerlo misurare. Sempre tastando si accerta che attorno non vi siano altre formazioni sospette.

«Ti fa male qui?».

«No».

«E qui?».

«Nemmeno».

Poi il medico mi fa allargare le braccia e palpa con forza sotto le ascelle. Infine conclude: «Forse non è nulla, ma non dormiamoci su».

Torna a sedersi dietro la piccola scrivania e telefona a una dottoressa presso l'ospedale della montagna. Tra quattro ore dovrò andare là per l'ecografia. E il giorno dopo, a digiuno, prelievo del sangue per le analisi.

«Fisserò un appuntamento anche per la radiografia. Lasciami il numero del tuo cellulare. Ti chiamerò domani mattina per informarti».

Pietro ci saluta con una nuova calorosa stretta di mano. Il negozio è pieno di pazienti in attesa della visita. Tutte le sedie sono occupate. Un anziano contadino, giacca d'altri tempi e camicia bianca, è già in piedi, pronto per entrare.

Mentre usciamo ripenso alle parole del medico. «Non dormiamoci su». Perché? Quel coso è rimasto silenzioso e indolore per settimane ed ora tutto subisce un'accelerazione improvvisa.

Rientriamo a casa per il pranzo, poi subito in ospedale. Nel tardo pomeriggio ho un appuntamento importante in città. Non posso mancare, né ritardare. Sono nervoso.

Un'infermiera scorbutica e avanti negli anni mi accoglie come un intruso. Non figuro nell'elenco ufficiale degli appuntamenti del pomeriggio. È di poche parole e riesco a strapparle solo un «vedremo e intanto si sieda e aspetti». Vuole evidentemente che io mi tolga di torno mentre compila alcuni moduli. Porta grandi occhiali quadrati che rendono più sgraziato il suo viso. Mi ha invitato ad aspettare con lo stesso tono di chi dice «sicuramente per lei oggi non ci sarà posto». Dispero di poter arrivare in orario all'appuntamento del pomeriggio. Sono a disagio per questa incertezza e angosciato per le incognite portate dal grumo duro.

Per fortuna con me c'è Ileana. Moglie, amica, madre, sorella, saggia consigliera, pronta a spronarmi nei momenti di sconforto. Nell'attesa cerca di scherzare per allentare la mia tensione. Ma io ogni cinque minuti guardo l'orologio. E dispero. Poi da un corridoio laterale arriva una dottoressa che mi chiama per nome. La seguo come un miraggio, una liberazione.

Quando siamo nella stanza delle visite mi fa togliere la camicia e sdraiare sul lettino. Cosparge il mio ventre e il costato con una gelatina inodore e incolore, infine percorre tutta la parte da analizzare con una specie di lettore manuale per codici a barre, simile a quelli che usano i negozianti. E sul monitor della macchina per l'ecografia vede dentro di me.

«Fegato, reni. Tutto ok».

«E allora?».

«È solo milza», conclude.

La milza?

Fa parte del mio corpo, ma credo di essermi dimenticato da anni della sua presenza. Mi sono sempre preoccupato del buono stato di salute di fegato cuore, polmoni, muscoli, pelle, occhi, intestino. Ma alla milza non ho mai pensato.

Qual è la sua funzione? Forse è un inutile accessorio. Ma, se inutile, perché tanto allarme da parte del medico? E perché, inutile e silenziosa, si è trasformata in quel duro rigonfiamento che ora mi incute terrore?

La dottoressa estrae dalla macchina dell'ecografia una foto. Eccolo, il grumo duro. Lo vedo, finalmente. Un minaccioso insieme di righe grigie contornate da un'ombra nera. E al centro due piccoli punti bianchi, come occhi di gatto che ti guardano nella notte.

Eccoti davanti a me, silenzioso aggressore. Da dove sei spuntato? Dal caso o da un terribile destino trasmesso dai geni dei miei antenati? Dalle particelle impazzite che pullulano nell'aria che respiriamo o dalle onde invisibili che attraversano i muri delle nostre case e fendono i nostri corpi come lame senza ferro e lance senza acciaio?

Nemmeno la dottoressa ha una risposta da dare, ma salutandomi, frettolosa e cordiale, mi ripete con decisione: «non perdiamo tempo».

Secondo giorno

Ore otto. A digiuno, prelievo di sangue.

In futuro diventerà un'abitudine. Ma ancora non lo so. Tuttavia ho ben impresse nella memoria le frasi pronunciate dai medici ieri. «Non dormiamoci su». «Non perdiamo tempo». Quel grumo duro, dunque, non è un problema banale. Ma, in che cosa consiste la sua minaccia?

Ne parlo con Ileana. Non pronunciamo parole precise sulle possibili diagnosi, ma entrambi abbiamo ormai una consapevolezza. L'accelerazione impressa alla ricerca di una spiegazione al mio sintomo non lascia dubbi. Nel prossimo futuro potrebbe esserci un rischio per la mia stessa vita.

L'ipotesi terribile della morte prende forma nei nostri pensieri.

Paura della morte? Nel pieno dei miei progetti sto già voltando l'ultima pagina? Sto già scrivendo l'ultimo capitolo di una storia che avrebbe potuto essere molto diversa?

Quanto c'è in questo racconto di dedizione agli altri e quanto di ottuso avvitamento su di me? Perché nascere e perché morire, se tutto si racchiude nella fragilità del presente, dove dominano la fatica, la competizione, lo stress, il lavoro, e dove la felicità è solo una parentesi breve e fugace, pagata di solito a caro prezzo? Se il destino è solo la parola fine, perché scrivere questo libro che costa tanto sudore? Se la vita non ha un dopo, non assomiglia forse a una condanna a morte? E, se il dopo non è la pienezza della vita, il prima non vale. Siamo stati messi al mondo senza deciderlo. Che cosa è stato quello strappo iniziale che ci ha catapultato nella parabola della vita, dal nulla all'essere? Un caso? Un accidente? Un aggregarsi fortuito di atomi? O l'amore di un Padre?

Se il fondo nero del nulla viene prima e dopo, meglio finire subito, meglio non iniziare nemmeno un racconto la cui ultima parola è già scritta, è uguale per tutti, ed è la morte. Ma se il disegno buono esiste, che cosa ha a che fare con la malattia e il dolore?

Dopo il prelievo del sangue, mentre ci avviamo a fare colazione ho una sensazione precisa. Quello che è successo è stato come un urto improvviso e violento, che mi fa sentire diverso da prima. Nulla apparentemente è cambiato. Ma inizio a guardare le cose in modo nuovo, a pormi domande inconsuete. Io, la mia vita, gli altri, il destino.

Ciò che prima concentrava la mia attenzione e la mia preoccupazione ora appare marginale. Quante volte ho posto in primo piano dei particolari. Dimenticando l'essenziale. Quante volte mi sono irritato con Ileana, soffocando il nostro amore e rischiando di compromettere il nostro rapporto, per problemi che ora mi sembrano leggeri come il vento. Quante volte ho seguito fragili illusioni che non avevano domani. Quante volte ho percorso strade che lasciavano il mio cuore privo del suo vero alimento.

Il valore delle cose cambia, perché la vita sembra andare incontro al suo destino.

In attesa che Pietro ci chiami sul telefonino e ci indichi l'ora fissata per la radiografia, decidiamo di andare al santuario, a pochi chilometri dall'ospedale. La piccola chiesa è deserta. Ci inginocchiamo nella penombra in uno degli ultimi banchi. La luce che penetra dalle finestre illumina l'abside con l'antico affresco della Madonna, in un manto rosato, che allatta il Bambino. Colori pastello, sbiaditi dai secoli.

Sei tu o Signore che mi chiami? Sei tu che mi parli attraverso la malattia? E perché hai scelto un modo così doloroso? Perché proprio ora? Perché gettarmi con le labbra nella polvere? Che ho fatto? Perché mi abbandoni?

Vorrei urlare e invece piego la testa, chiudo gli occhi e chiedo a Maria che stenda anche su di me la sua mano. Quella mano che nell'affresco si protende con tenerezza verso Gesù.

Usciamo sul piazzale della chiesa inondato dal sole ad aspettare la telefonata del medico. Sono le nove del mattino. Alle nostre spalle l'alta parete del monte contro l'azzurro del cielo. Di fronte un panorama che apre all'infinito. Ci sediamo su una panchina, vicino a una sorgente che sgorga dalla roccia. È una mattina di luce che incanta. Ma non ho occhi per questo spettacolo. Non ho più parole da scambiare con Ileana. Restiamo in silenzio. Il telefonino appoggiato sulla pietra, il cuore in subbuglio, incerto, smarrito.

Finalmente Pietro mi chiama.

«Come stai?».

«Puoi immaginare».

«L'appuntamento è fissato per le dieci. Fammi sapere».

Questa volta non ci sono ritardi. Dopo una breve attesa, di fianco allo sportello prenotazioni, ci viene incontro la dottoressa che ieri ha praticato l'ecografia. Conosce già il mio caso e mi accompagna subito da un collega della radiologia, raccomandando l'urgenza.

È lei che, due ore più tardi, torna per comunicarci, con un sorriso rassicurante, il risultato: «La radiografia è pulita. Questo fatto esclude alcune gravi ipotesi, ma si deve continuare a cercare la causa. Mi raccomando, senza perdere tempo».

Quando usciamo dall'ospedale restiamo sorpresi nel vedere Pietro che corre verso di noi lungo il viale alberato dove si parcheggiano le macchine.

«Per fortuna siete ancora qui. Vi ho cercato perché voglio parlarvi di persona», dice ansimando.

Dal suo studio, mentre io e Ileana attendevamo l'esito della radiografia, ha telefonato al laboratorio che sta analizzando il mio sangue e ha saputo alcuni dati che fanno sorgere un nuovo sospetto. Terribile.

«Domani dovrai recarti in città, presso l'ospedale grande che dispone di un reparto specializzato in ematologia. Ascolta... Potrebbe esserci una malattia grave. Per ora è un'ipotesi. Non posso dire di più, perché non dispongo di elementi adeguati per una diagnosi. Solo domani potranno darti una risposta sicura. Spero che il mio timore sia infondato, lo spero veramente, ma ho voluto raggiungerti di persona per dirti che oggi esistono cure efficaci. Cure lunghe, cure impegnative, ma che assicurano quasi sempre un esito positivo. Coraggio, dunque. La strada potrebbe essere in salita, una salita più ripida di quella che avremmo potuto immaginare, ma la guarigione è possibile».

«Grazie per averci raggiunto di corsa in ospedale. Non era tuo compito».

«Lo era. Vi sono vicino. Al reparto di ematologia dovrai recarti domani mattina entro le otto. E ricorda, a digiuno per il prelievo di sangue. Se ti è possibile, telefonami subito, appena avrai una risposta».

Ci incamminiamo lentamente lungo il viale alberato per raggiungere ciascuno la propria auto. Ora ho la conferma. La sfida è veramente tra la vita e la morte. Ma chi è il muto aggressore che vuole soffocarmi nell'acqua nera?

Terzo giorno

Il mio amico Enzo li avrebbe chiamati «medici svizzeri». Qualunque cosa ti dicano, di qualunque cosa parlino, non cambiano mai espressione.

Quando entro nello studio della dottoressa, nel reparto di ematologia, mi affianco al lettino. Penso, «per prima cosa vorrà visitarmi».

Lei invece mi chiede: «Sua moglie non l'accompagna?».

Resto un attimo stupito. Ileana? È fuori, ma non ho pensato di farla entrare. Rispondo: «Non importa. Ci raccontiamo tutto».

E lei continua impassibile: «Si sieda».

Mi siedo e mi sento a disagio. I suoi occhi sono freddi. Si capisce che sta svolgendo un compito ingrato, che avrebbe preferito delegare a qualche altro collega.

Quello di annunciarmi che sono entrato nel braccio della morte.

«I dati forniti dall'ospedale da cui proviene e le analisi che abbiamo realizzato sui campioni di sangue prelevati questa mattina, confermano il sospetto di una mieloproliferativa cronica».

Spalanco gli occhi. Il termine è inquietante, ma per me incomprensibile.

«Una forma di leucemia», continua la dottoressa, sempre impassibile, come se stesse elencando i dati anagrafici allo sportello delle tasse.

Invece mi sta parlando di un terribile tumore.

Leucemia.

La parola mi si conficca nel costato come una lama tagliente, come gli artigli di una pantera. Mi sembra che per un attimo la circolazione del sangue si blocchi e il cuore si fermi. Mi sento prima raggelare e poi avvampare di caldo. Ho nelle orecchie uno strano fruscio.

Conservo solo un ricordo vago delle informazioni che la dottoressa «svizzera» mi fornisce dopo aver pronunciato quella parola. Esistono varie forme di leucemia. La mia è simile a una bomba ad orologeria. Per ora sonnolenta, ma che potrebbe esplodere in ogni momento. Le statistiche mi danno tre anni di vita. Nel frattempo si cercherà di correre ai ripari. Per ritardare il momento dell'esplosione, per curare questo male invisibile e maligno. Di fronte a me scorrono parole, come interferone, autotrapianto, trapianto di midollo.

Chiedo incerto qualche spiegazione. E la dottoressa, con la stessa faccia uguale, non lesina particolari agghiaccianti. Così io li percepisco in questo momento. Verrò quasi ucciso con la chemioterapia. Mi toglieranno ogni difesa immunitaria. Entrerò in una fase di stallo, di quasi morte. Poi mi inietteranno midollo sano. Che dovrà attecchire dentro di me, ma che aggredirà il mio corpo già debilitato. Se troverò un donatore, se supererò tutto questo, forse potrò salvarmi.

Mi sembra già di essere di fronte al plotone di esecuzione. Aspetto solo che qualcuno da un momento all'altro dia l'ordine di premere il grilletto. Sento i proiettili che mi lacerano la carne. Sto vaneggiando.

La dottoressa è gelida nel suo camice bianco. Con la faccia sempre uguale. Mi sembra addirittura che sfugga il mio sguardo. Non una parola di conforto, non un sorriso, non un'indicazione di speranza. Solo l'elenco sommario delle possibili cure.

Chi sono io per lei? Un paziente, rispetto al quale il medico ha l'ingrato compito di comunicare la brutta notizia. Se si deve fare, meglio farlo in fretta.

Penso a Caterina, mia figlia, che studia medicina. In questo momento è lontana. È volata in Irlanda otto giorni fa per un soggiorno di tre mesi, con l'obiettivo di imparare bene la lingua inglese. Un compito importante a cui l'ho volentieri spronata. La buona conoscenza dell'inglese le sarà indispensabile nella sua professione futura, per specializzarsi e per tenersi aggiornata.

«Figlia mia, quando anche tu vestirai un camice bianco non nascondere nulla ai tuoi malati. È un loro diritto sapere. Ma, qualunque persona tu abbia davanti, racconta ogni cosa come se tu stessi parlando al più caro dei tuoi amici. C'è un'umanità che supera la scienza e la competenza, che non si impara sui banchi dell'Università, che non rientra nel prontuario dell'Azienda sanitaria, ma è vitale, come, e più, delle medicine».

«È l'umanità che sa guardare al dolore e alla sofferenza con compassione. Non sempre possiamo risolvere. Non sempre possiamo guarire. Sempre possiamo compatire. Sempre possiamo confortare».

Penso a Caterina mentre sono lì, davanti a quel gelido camice bianco. Ammutolito.

Il mio mestiere di giornalista non mi soccorre. Non so che altro chiedere.

Balbetto: «E adesso che cosa faremo?».

Tra poco, mi spiega la «svizzera», mi faranno un prelievo di midollo osseo e di sangue midollare. Solo l'analisi di questo campione potrà dare la conferma definitiva del terribile sospetto.

«Mentre l'infermiera prepara l'ambulatorio per il piccolo intervento lei dovrà accomodarsi fuori ed aspettare», conclude la dottoressa indicandomi la porta. Con la faccia sempre uguale.

Esco con il fardello della mia condanna.

Fuori c'è Ileana che mi aspetta. Mi avvicino e l'abbraccio, con le lacrime agli occhi, per dividere il peso del dolore e della paura.

Poi pronuncio la condanna che mi è stata inflitta: «Leucemia».

«È terribile!».

Lei mi stringe e cerca parole di conforto.

«Affronteremo insieme ogni futura difficoltà. Sarò con te. Sempre. Come quando camminiamo in montagna e la vetta sembra, all'inizio, lontana, quasi irraggiungibile. E invece, un passo dopo l'altro, si arriva alla meta. La nostra vetta è la guarigione. Sono sicura, potremo conquistarla. Chiederemo aiuto. Ovunque».

«Anche all'estero?».

«Anche all'estero, se necessario. Non ci arrenderemo».

Ci sediamo e io le racconto in modo un po' confuso quello che ricordo sulle possibilità di cura. Riferisco sommariamente le parole della dottoressa. Dialogando mi accorgo che ci sono tante domande che non ho formulato e a cui dovrò cercare risposta.

Passano pochi minuti e un'infermiera mi chiama per il prelievo di midollo. Torno nell'ambulatorio e mi sdraio sul lettino. La dottoressa mi pratica un'iniezione per l'anestesia locale all'altezza dell'anca destra. Il liquido che dovrebbe evitare il dolore penetra nella carne, ma non può entrare nell'osso. E invece l'ago del prelievo dovrà raggiungere proprio quel punto nascosto per estrarre un campione di midollo. Sento scavare e poi avverto un dolore acuto che dall'anca mi scende lungo la gamba.

Non è la milza a provocare il mio male. La milza si è ingrossata e ha dato origine al grumo duro solo perché ha reagito all'eccessiva presenza di globuli bianchi nel sangue.

Il male sta altrove, annidato nel punto più irraggiungibile del corpo. Nel midollo. Chiuso come l'anima di una conchiglia dentro le ossa. Qualunque altro organo si può toccare, sentire. Il cuore che batte, i polmoni che si gonfiano con il respiro, il fegato i reni e l'intestino che rispondono al tatto sotto la pelle. Le ossa, i muscoli. Le vene che pulsano. Anche il cervello lo si avverte come un punto vitale, sede dei pensieri e della memoria. Ma il midollo è un compagno invisibile.

E dentro al midollo il male si è insediato come un muto aggressore.

All'origine c'è stata una mutazione dei cromosomi. Meravigliosi e misteriosi codici che disegnano le caratteristiche della vita. Ma alcuni di loro hanno infranto le leggi del Creatore. Chi sono questi violenti ribelli che stanno inquinando il mio sangue? Per ora so il nome scientifico, pronunciato dalla dottoressa: «Cromosoma Filadelfia».

Già, la dottoressa con la faccia sempre uguale. «Svizzera», l'avrebbe definita Enzo. Anche lui era un medico, ma d'altro tipo. Curava il corpo e insieme donava speranza alla persona. Un medico e un amico. Ma non solo.

L'ultima volta che ci siamo visti, dieci giorni prima del terribile incidente sull'autostrada, mentre mi salutava abbracciandomi, un abbraccio forte, come suo solito, ho pensato: «Ecco un santo».

Era straordinario vedere come la passione per Cristo penetrasse la sua vita, anche nei gesti più semplici e quotidiani. Nel pranzare, nel dialogare insieme, nel discutere di politica o dei problemi dei figli. C'era un di più. Lui ti prendeva per mano e ti accompagnava oltre. Apriva di fronte a te nuovi orizzonti. E così il quotidiano, in sua compagnia, diventava sublime e il sublime quotidiano.

Credo che i santi abbiano convertito milioni di persone per questa loro capacità di unire umano e divino, di mostrare il volto dell'infinito nelle piccole cose del mondo.

Poi un disegno misterioso si è compiuto. E una notte, mentre rientrava da Milano, la strada è impazzita e la sua auto è volata contro l'argine di un fosso. Stava correndo per i suoi amici. Per rendere più grande il progetto di comunione. E su quell'argine erboso c'era il suo appuntamento, faccia a faccia, con il Signore.

Lui è corso avanti. Ci ha preceduto, come sempre faceva, divorato dall'amore che ardeva, come fuoco, nel suo cuore.

Ora ho una certezza. Se anche per me fosse arrivato l'appuntamento più importante della vita, di là lo troverò. E risentirò il suo abbraccio forte.

Mentre usciamo dal reparto di ematologia io e Ileana ci sentiamo confusi e stanchi, come se fossimo stati colti da una tempesta di vento in alta montagna. Quante cose, in fretta, sono cambiate. Tutto è accaduto in tre giorni.

E tutto deve ancora accadere.

NELLA PENOMBRA

Nonostante la paura, le incertezze sul futuro e il peso della condanna, non so come, alla fine del terzo giorno mi sono addormentato. Ma all'alba sono già sveglio, scosso da un incubo, con gli occhi sbarrati nella penombra.

Nella nostra casa di montagna non abbiamo imposte alle finestre e dalle tende oscuranti inizia a filtrare la luce. Al mio fianco Ileana sta ancora dormendo. Sento il suo respiro che a tratti si fa più pesante.

Tocco lievemente con una mano il grumo duro sotto le costole. Mi sembra sia diventato enorme, come un rospo annidato nel petto. È ancora lì, più minaccioso che mai, anche se ora so che non è colpevole della mia malattia. Penso al futuro e le informazioni raccolte il giorno prima mi scorrono davanti come in un film dell'orrore, ingigantendosi nei particolari più inquietanti. Come reagirò alla chemioterapia? Perderò non solo i capelli, ma anche i denti? Le iniezioni tossiche avranno un effetto invalidante? Verrò ridotto su una sedia a rotelle, incapace di intendere, simile a una larva?

Se dovessi intraprendere la via del trapianto, quanti e quali virus mi aggrediranno nel momento in cui sarò senza difese, più fragile di un bambino appena nato? Ogni mio punto debole, sono facilmente soggetto ai raffreddori, si trasforma in una minaccia mortale. «Prenderò la polmonite», penso mentre respiro a fatica angosciato dalle sofferenze che si stanno preparando per me.

Ogni prospettiva sembra chiudersi. Stavo programmando nuovi impegni. Stavo impostando nuovi progetti. Avevo già pronti i primi due capitoli di un nuovo romanzo. E ora? Tutto mi appare scuro e incerto come la penombra della camera. Capisco che sto cedendo. Un cupo terrore mi assale e sento solo quel grumo duro che mi schiaccia contro il letto, annullandomi.

Non è facile reagire. Quasi d'istinto, l'istinto della sopravvivenza, mi giro su un fianco e mi avvicino a Ileana. Ho bisogno di calore umano. Mi sento raggelare nelle vene e il suo tepore è come una medicina che allontana il colore viola dei fantasmi. Appoggio una mano sul suo fianco. Basta questo gesto leggero e Ileana apre gli occhi. Capisce e si avvicina ancora di più a me.

«Sei già sveglio! A che cosa pensavi?», mi chiede.

«Ho paura», rispondo. Non faccio fatica ad ammetterlo. Inutile fingere. «Ho paura di quello che mi aspetta, di come sarà il futuro. Mi ha svegliato un sogno, un incubo oscuro. È stato terribile. E ora mi sento sudato e agitato».

«Che cosa hai sognato?».

«Un medico, vestito di un lungo camice bianco, mi seguiva ovunque. Io cercavo di fuggire, ma non avevo scampo. Passavo da un corridoio all'altro, scendevo di corsa le scale dell'ospedale e lui dietro. C'era una porta chiusa davanti a me. Ho provato disperatamente ad aprirla, ma la maniglia si è rotta. Allora il camice bianco mi è stato addosso, ha afferrato il mio braccio, vi ha infilato la punta di una lunga siringa e aspirava il sangue».

«Calmati adesso», mi dice Ileana, e intanto mi accarezza. «Sento che troveremo una possibilità di cura. Il futuro sarà meno scuro di quello che credi. Ma ora non guardare troppo lontano. Dobbiamo affrontare una grande prova. Lo faremo con fede e con coraggio, ma compiendo un passo alla volta, così che ogni gradino risulti più leggero. E ora tu sei qui, con me».

Nella penombra intravedo il sorriso dei suoi occhi, che mi scende nel cuore ferito come l'allegria di un germoglio.

È vero. Fisicamente mi sento ancora bene. Vicino a me c'è mia moglie che amo. E sento di amarla come non mai, adesso che un male invisibile potrebbe separarci per sempre, costringerci a un addio non voluto. È assurdo lasciarsi annientare proprio ora dai fantasmi del futuro e regalare al demone della paura la vita che ho ancora da vivere, e che per me è la più preziosa. Il grumo duro c'è, ma cresce in me la voglia di sfidarlo, perché non rubi la mia identità e la mia speranza. Nemmeno la malattia più grave può diventare un idolo cieco che tutto assorbe.

Il tumore va affrontato un passo alla volta.

E ora il passo da compiere è che io sono insieme a Ileana. Ho iniziato a corteggiarla mentre frequentavo il primo anno di Università. Andavo a trovarla con la scusa di scambiare gli ultimi dischi di successo. Le scrivevo lunghe lettere e anche poesie. In una dicevo che l'amore per lei mi aiutava a capire l'essenza delle cose. È sempre stato così. E ora questo affascinante modo di essere insieme si ripete. Andare all'essenziale: capire che cos'è la malattia e perché non abbia il diritto di cancellare il nostro amore. E come anzi debba renderlo più vero.

Quanto è lungo il cammino percorso insieme. Non sempre facile. Ma ora le incertezze del passato sembrano solo tremule ombre e non grandi temporali. Sì, perché alla fine ha sempre prevalso l'essenziale. E l'essenziale tra un uomo e una donna è un rischio estremo, in cui perdersi per ritrovarsi. È la promessa davanti a Dio che ha reso lei a me e io a lei, unici al mondo.

È stata la fedeltà a questo dono a guidarci nel tempo, anche quando l'onda del sentimento sembrava inaridire, come erba all'arsura del sole. E invece, ogni volta, il prato tornava più verde.

Molte unioni si infrangono contro il muro del tempo, ma io credo che sia meraviglioso vivere un amore adulto, diventato culla di umanità per i figli, temprato nel crogiolo delle gioie e delle prove, arricchito dall'intimità maturata nel lungo cammino, tutto proteso alla ricerca del vero bene per l'altro.

Come siamo diversi. Io acqua, lei fuoco. Io devo capire, calcolare, programmare. Lei è tutta intuizione. Basta l'espressione del viso, il tono della voce e già ti legge dentro, capisce anche quello che non dici, quello che sta dietro alle parole. Lei prima sente e poi ragiona. Io devo ragionare a lungo prima di sentire. Per questo nella nostra storia lei è sempre arrivata prima. Capisce la soluzione giusta d'intuito, e vi si getta con passione. Io voglio che ogni tassello sia al suo posto, prima di decidere e, piano piano, aderire. Lei vento impetuoso del mattino. Io quiete della sera.

Il miracolo dell'amore è che gli opposti, incontrandosi, non si sono disintegrati, ma fusi in una realtà nuova. Più dell'acqua, più del fuoco, più del mattino, più della sera.

Vorrei che questo non finisse mai. Ma so, dal giorno del matrimonio, che non sarà così. «Fino a che morte non vi separi». La malattia ci rimette con forza di fronte a questa consapevolezza: l'amore più vero è quello che aiuta a prepararsi al destino. Ed è quello che sta avvenendo.

Nella camera ora filtra più luce. È ormai mattino. L'incubo oscuro del terrore si è diradato e lancio una nuova sfida alla malattia. Non so quanti giorni mi restino da vivere. Ma vorrei che fossero i più belli, perché tutti protesi all'essenziale, a ciò che conta veramente e che riempie il cuore. Fuori dalla scorza dell'abitudine, sopra la nebbia invisibile dei piccoli egoismi.

Ci sarà molto dolore, ma anche molta gioia.

Quando ci alziamo Ileana ha l'intuizione giusta. Mi suggerisce di telefonare a un noto medico milanese, nostro amico. All'ora di pranzo lo chiamo a casa. Lui non esita ad ascoltare con attenzione il mio caso. Alla fine mi ricorda che Paola, conosciuta ai tempi dell'Università, ora è responsabile di un Centro trapianti di midollo a Milano.

È un sollievo avere questa notizia. Potrò parlare del male terribile che mi ha colpito con una delle persone più qualificate in Italia per curarlo. Ma soprattutto con lei potrò confrontare non solo la cartella clinica, ma anche il cuore. E ragionare insieme delle scelte giuste da compiere nella mia situazione. Da amici.

Seconda telefonata. Paola si ricorda di me. Mi fissa un appuntamento a Milano tra dieci giorni. E intanto mi chiede: «Sei già in Oncocarbide?».

Rispondo: «Sì, da questa mattina».

Ogni malattia ha il suo gergo. Oncocarbide sono capsule di colore bianco e nero. Non sconfiggono il male. Non raddrizzano i cromosomi impazziti. Servono ad eliminare dal sangue i globuli bianchi in eccesso. In poche settimane riporteranno i valori alla normalità, consentendo alla milza di sgonfiarsi e ritornare alle dimensioni ordinarie. Faranno sparire il grumo duro, non il tumore.

Come ogni lavoro di pulizia anche quello svolto dall'Oncocarbide produce spazzatura, cellule morte, che deve essere smaltita. Un lavoro che graverà soprattutto sui reni. Per questo oltre a quattro capsule di Oncocarbide ogni giorno devo assumere una bustina di Zyloric, per sostenere i reni.

Prima di recarmi a Milano, come mi spiega Paola, dovrò anche compiere un'importante verifica. Scoprire, facendo le opportune analisi, se la principale via di cura, il trapianto di midollo da familiare, è praticabile. La prima indagine si fa tra fratelli. La probabilità di trovare in figli degli stessi genitori due soggetti compatibili è infatti superiore a quella che si registra tra estranei. In ospedale, però, ho ascoltato il racconto di un caso in cui tra sette fratelli nessuno aveva un'adeguata affinità cromosomica. Io ho una sola sorella. Elena.

LE SCARPE BLU

Le ho viste in una vetrina il giorno stesso in cui la dottoressa «svizzera» mi ha annunciato la terribile diagnosi. E mi sono subito piaciute. Un paio di scarpe blu da ginnastica. Ne ho bisogno e il prezzo è anche scontato per i saldi. Ma una voce da dentro mi ha detto: «Non entrare, non comprarle. È inutile. Tanto per te è finita». Così me ne sono andato, lasciandole lì. Tre giorni dopo torno in città. Devo recarmi al reparto di ematologia per il primo controllo e ripasso di fronte a quella vetrina. Entro nel negozio ed esco con la scatola sotto il braccio. Sono soddisfatto. Comprare le scarpe blu è una piccola provocazione al tumore. Il male c'è. È grave. Inutile, ormai, negarlo. Ma io mi sento vivo. Di fronte a me c'è un lungo percorso per tentare una cura. Anche le scarpe blu mi aiuteranno a camminare.

Il sentiero è tutto in salita. Da oggi devo affrontare una nuova sfida. Quella di parlare agli altri della mia leucemia. Siamo in pochissimi, per ora, a sapere. Nemmeno mio padre e mia madre sono stati del tutto informati. Sanno solo che i risultati, non positivi, di un'analisi del sangue necessitavano di ulteriori approfondimenti.

Insieme a Ileana mi reco a trovarli. Sediamo attorno al tavolo di sala, nella casa in cui ho trascorso l'infanzia. Quasi nulla è cambiato da allora, salvo le grandi fotografie dei nipotini appese alle pareti.

Racconto. E tocca a me consolarli, perché papà e mamma piangono in silenzio.

Ma il passo più difficile sarà parlare ai miei figli. Sono entrambi all'estero. Davide tornerà tra pochi giorni dalla Spagna. Caterina rientrerà dall'Irlanda solo tra dieci settimane. Come trovare le parole giuste per spiegare che la vita della nostra famiglia potrebbe profondamente cambiare? Che potrebbero prepararsi per noi giorni difficili?

Cari figli, a volte mi chiedo se sono stato per voi quello che avrei dovuto essere.

Insieme a Ileana vi ho dato un dono unico che non potrete certo restituirmi: quello della vita, quello di sbocciare dal nulla e di venire al mondo. Nel medesimo istante io e Ileana abbiamo assunto verso di voi un impegno vertiginoso: guidarvi verso il cammino dell'esistenza.

Appartenete un poco al padre e alla madre per quel dono grande. Ma soprattutto appartenete a Dio. Lui ci ha consentito di essere strumenti del suo amore che genera vita. Per questo il nostro compito non è tenervi nel porto, ma fare sì che possiate navigare, spiegare le vele, avendo appreso le regole e i segreti del vento e delle correnti, per costruire una rotta che sarà la vostra. Per dire un sì che solo ognuno di voi può pronunciare.

Qui sta la difficoltà. Unire il più tenero amore e la più grande libertà.

Sino a quando vivrò un filo sottile e indistruttibile mi terrà legato a voi. In fondo a quel filo, in ogni momento e in ogni condizione, potrete sempre trovare la più piena accoglienza. Eppure potrò dire di essere un buon padre solo vedendovi navigare da soli. Anche molto lontano.

Amare e donare; coltivare e liberare; proteggere e allontanare. Come è paradossale il compito dei genitori. Se liberiamo solo, senza coltivare, viene meno la ragione stessa del nostro esserci. Ma se solo coltiviamo, chiudendo il recinto, l'esistenza cui ci siamo dedicati non sboccerà mai al suo destino.

Non tutti i passi sono stati giusti. Lo so. Vorrei essere migliore di quello che sono, ma non è questo che mi spaventa. Ciò che conta è che vi sia arrivato il messaggio più importante. Che per essere vissuta la vita ha bisogno di un senso, di un ideale che sia vero, giusto, puro, amabile.

In fondo al cuore di ogni uomo c'è questa attesa: poter navigare avendo chiara la meta verso cui andare. E il compito di un buon padre per il figlio è aiutare a risvegliare in lui questo desiderio e lasciarlo andare, tenendolo legato solo con quel filo invisibile, così che, se la barca si rovescia, sappia sempre dove ritornare.

Non so come sarà il mare. Ci saranno giorni di bonaccia e di afa opprimente che affloscia le vele; ci saranno pomeriggi di foschia che chiude ogni orizzonte; ci saranno mattine di vento impetuoso, la nave volerà sulle onde, e gli scogli lungo la costa saranno così nitidi che sembrerà di poterli toccare con la mano; ci saranno giorni di tranquilla brezza e giorni di violenta tempesta. Ciò che conta è tenere saldo il timone verso la meta che dà senso alla vita.

Ho scritto per voi una favola, e come tutte le favole inizia in una notte buia.

Khame, la cortigiana, cammina lungo il molo dove i pescatori attraccano le loro barche colorate. Il vento della sera ha alzato le onde e ogni tanto gli spruzzi bagnano i suoi piedi bianchi. Fa freddo, ma lei non lo sente. Pensa ad altro. Stretto tra le braccia tiene un fagotto, un bambino di soli tre mesi. Mano a mano che si avvicina alla fine del molo i suoi passi si fanno più lenti, come se qualcuno cercasse di spingerla a forza indietro. Quel figlio è nato per caso e la sua presenza è una minaccia per la carriera a palazzo. Le amiche l'hanno consigliata: meglio disfarsene ora, mentre è molto piccolo. Non sentirà nulla. Non saprà nemmeno di essere venuto al mondo.

Quante volte ne ha parlato. Quanto ci ha pensato. Da dodici mesi i suoi pensieri sono fissi lì, su quel figlio. Quando ha scoperto che c'era, che cresceva nel suo ventre lo ha desiderato. Poi lo ha temuto. Ma, se ora ha deciso di disfarsene, non è per i consigli delle amiche.

È perché nel futuro di quel figlio vede solo un mondo dove gli uomini lottano continuamente tra di loro, dove dominano la perfidia, l'inimicizia, l'egoismo. E alla fine un destino comunque di morte. Allora, perché tenerlo al mondo? Se un giorno quel figlio le chiedesse conto di tutto questo? Se un giorno le rinfacciasse di non avergli evitato di dover soffrire?

Khame è arrivata in fondo al molo. Di fronte ha solo il nero dell'acqua. Stringe ancora a sé quel fagotto, poi, mentre le lacrime le scendono sulle guance, lo lancia verso il mare. E si sente solo il rumore delle onde.

Sono passati più di trent'anni. Khame, la più bella e ammirata tra le cortigiane, è invecchiata e ha dovuto lasciare il palazzo. Per qualche tempo le ricchezze accumulate le hanno consentito di vivere nel lusso. Feste, gioielli, vestiti. Ma ora le risorse sono finite ed è stata cacciata anche dall'ultima povera dimora in cui era in affitto.

I suoi capelli sono grigi e scomposti. È ingrassata, ha perso le sue belle forme e il suo viso è segnato da profonde rughe. Della vita a palazzo conserva solo un cofanetto rosso di legno pregiato. Vi custodiva i suoi gioielli e ha sempre promesso a se stessa che non l'avrebbe venduto.

Alle prime luci del mattino Khame cammina lungo il molo dove i pescatori attraccano le loro barche colorate. Tra le braccia ha il cofanetto rosso. Mano a mano che avanza i suoi passi si fanno più lenti, come se qualcuno cercasse a forza di rimandarla indietro. Arrivata in fondo al molo stringe ancora a sé il cofanetto per qualche istante e poi lo lancia verso il mare. E si sente solo il leggero fruscio delle onde. Nessun tonfo.

Khame guarda e vede un delfino che ha afferrato il cofanetto con la bocca, lo tiene sollevato fuori dall'acqua e si allontana veloce verso Sud seguito da altri delfini. Prima che il branco scompaia alla sua vista, le sembra che i delfini giochino con il cofanetto lanciandoselo l'un l'altro, senza che mai tocchi l'acqua.

Sorpresa e incredula Khame rimane immobile. Cerca di seguire con lo sguardo i delfini, ma questi ormai sono solo un tremolio di punti grigi che si confonde con il mare. E d'improvviso un pensiero le attraversa la mente. Anche quella notte non si sentì il tonfo nell'acqua, ma solo il rumore delle onde. Era buio e lei non vide altro. Ma se…

Se suo figlio fosse ancora vivo? Se i delfini l'avessero salvato? Khame stringe gli occhi e guarda ancora lontano, ma ormai si vede solo il mare. Dove andavano i delfini?

Khame corre verso un gruppo di pescatori che sta ormeggiando la propria barca per scaricare il frutto di un'intera notte di lavoro. Lei urla, piange. Confusa e trafelata chiede se è mai possibile che i delfini prendano, afferrino, portino lontano. I pescatori, prima non le danno retta, poi, indispettiti dalle sue urla, in malo modo le dicono di allontanarsi. Solo il più anziano le si avvicina e le parla di una leggenda. I delfini raccolgono le cose belle e preziose che cadono in mare e le portano lontano, verso i paesi del Sud. E in quelle spiagge a volte sono stati raccolti tesori.

Un anno è passato. Quanto ha camminato Khame. Non c'è stato paese, borgo o casa isolata della costa in cui non si sia fermata per chiedere, implorare cercare. Sempre più a Sud. Quanta fame, quanta paura, quanta stanchezza e umiliazioni. I suoi piedi sono tutti una piaga. Non c'è stato giorno, dopo quella notte buia sul molo, in cui non abbia desiderato di avere al suo fianco il figlio perduto. E ora la speranza di rivederlo vivo è diventata la sua unica ragione di vita.

Ma ormai è sfinita. Anche respirare le costa fatica. Esausta cade all'inizio di una lunga spiaggia deserta.

«È la fine», pensa, e chiude gli occhi lasciandosi andare.

Quando si riprende qualcuno le sta bagnando con acqua la fronte. Non sa se un angelo o un uomo.

«Coraggio, donna», le dice, «ti caricherò sul mio cavallo e ti porterò alla città che si trova in fondo a questa lunga spiaggia».

«Non ho nessuno che mi aspetta», risponde lei, «lasciami morire qui».

«Nella città troverai sicuramente aiuto. È il porto più importante di questa costa, capitale di un prospero regno. Lo governa un giovane e saggio re che ha saputo riportare la concordia tra le fazioni che dividevano il Paese. Tu sola sei così straniera in questo luogo da non conoscere la sua storia?»

Khame sembra risvegliarsi dal torpore. «Non so nulla».

«Più di trent'anni fa questo regno era povero e diviso. Il re anziano e debole non aveva eredi diretti e i pretendenti al trono lottavano tra di loro in attesa della sua morte. Una notte la regina, anziana e umiliata per non essere stata capace di dare un figlio al marito, si era recata a piangere sulla riva del mare. E in quel luogo le sue preghiere furono esaudite, perché tornò al palazzo portando tra le braccia un bambino appena nato. E da quel giorno il re e la regina lo amarono come il più caro dei figli e come il più straordinario dei doni».

«Quel bambino è stata la salvezza del nostro Paese», continua l'ignoto soccorritore. «Poco più che diciottenne è salito sul trono e ha governato con forza e coraggio, giustizia e amore per i suoi sudditi. Tutti desiderano che possa vivere a lungo, ma la sua salute è minata da uno strano male. Una piaga sta deturpando il suo viso. I saggi dicono che solo una donna, solo la madre che gli ha dato la vita, potrà risanarla. Nessuno tuttavia sa se esista una vera madre o se quel bambino sia spuntato dal profondo del mare. Molte donne si presentano ogni giorno a palazzo e pretendono di aver generato quel figlio. Nessuna, però, sinora è stata in grado di superare la prova cui i saggi sottopongono ogni aspirante per verificare la verità delle sue affermazioni. Ma ora andiamo. Ti caricherò sul mio cavallo e ti porterò all'ospedale per i poveri che il giovane re ha fatto costruire, vicino al suo palazzo».

All'ospedale Khame rimane tre giorni distesa su un piccolo giaciglio di paglia, troppo debole per alzarsi, ma soprattutto troppo sorpresa e frastornata, troppo sconvolta, con il cuore attraversato in ogni momento da enormi speranze e terribili dubbi. È mai possibile? Il bambino che lei aveva gettato tra le onde, per sottrarlo alla fatica di dover vivere, è diventato un re potente, che ha ridato la speranza al suo popolo? Un sogno? Un'illusione? Eppure ogni particolare coincide. L'età, il mare, la notte, una spiaggia in un paese del Sud, dove i delfini portano i loro tesori. E lei potrebbe donare di nuovo la vita a suo figlio liberandolo da una terribile piaga? Troppi pensieri, troppi ricordi, troppi rimorsi, troppi sentimenti violenti e contrastanti.

Solo al quarto giorno Khame sente tornare la forza nel suo corpo e capisce che non può più aspettare. Il figlio, che credeva perduto, ha bisogno di lei.

Si reca al palazzo dove il numero delle aspiranti madri è più alto del solito. Deve aspettare lunghe ore sotto il sole prima di essere ammessa alla presenza dei saggi. Tre giudici anziani dalle lunghe barbe bianche che la guardano severi e un po' irritati.

«Dunque anche tu sei una di quelle che spera di arricchire fingendosi madre del re?».

Passano alcuni secondi di silenzio, poi Khame risponde: «Io ho generato quel bambino. L'ho perduto nella disperazione e ora l'unica ragione della mia vita è poterlo abbracciare».

«Vedremo», dicono insieme i saggi. «Ma prima dovrai superare la prova che nessuna è riuscita a risolvere».

Spogliata dei suoi abiti e rivestita solo di una lunga tunica nera, Khame viene accompagnata all'ingresso di una piccola stanza.

«Da sola dovrai portare luce in questo luogo», le dice uno dei tre saggi.

«Busserai due volte e ancora due per segnalare all'esterno che rinunci all'impresa. Busserai tre volte e ancora tre per farci capire che hai trovato la soluzione».

Quando la porta si chiude alle sue spalle Khame si trova in una piccola stanza completamente buia. Con le mani tocca le pareti e il pavimento. Le superfici sono completamente lisce. In tutta la stanza non c'è un solo oggetto. Sfrega la tunica per vedere se produce scintille. Nulla. Picchia con i pugni contro le pareti. Salta per cercare di toccare il soffitto che non vede. Cade malamente e rotola per terra. In quel buio si sente sola e impotente. Portare luce in quella tenebra è impossibile. Ma Khame non vuole rinunciare per nessuna ragione al mondo. Si siede sul pavimento e con le lacrime agli occhi inizia a pensare al figlio che l'attende e ha bisogno di lei.

Passano alcune ore. Poi Khame bussa tre volte e ancora tre.

Un servo viene ad aprire la piccola porta. Insieme a una tenue luce, che pure dopo tanto buio fa stringere gli occhi a Khame, entrano i tre saggi.

«Ho risolto», dice la donna. Il servo richiude la porta ed è di nuovo buio.

«Non vediamo nulla» dicono insieme i tre saggi. «Dov'è la luce che dovevi portare in questa stanza?».

«C'è una grande luce che nessuno può negare. Invisibile agli occhi, ma visibile al cuore. La luce che è esplosa in una madre che credeva di aver perso il figlio e lo ha ritrovato. Una luce grande, immensa, più potente della luce del sole».

«Il buio era in quella notte in cui dal molo dei pescatori ho gettato nel mare una piccola vita. Allora si è spenta la speranza. Oggi torna a brillare. Questa è la luce che ho trovato e che vi offro, a prova della mia maternità, anche se attorno restano le tenebre. Per questa luce ho patito la fame e la sete e i miei piedi sanguinavano dopo tanto cammino. Ma ora il mio cuore di madre mi dice che lui è vivo ed è in questo palazzo».

I tre saggi ascoltano e poi escono in silenzio. La porta si chiude alle loro spalle. Khame cade in ginocchio nel buio e nasconde la testa tra le mani. Dopo alcuni minuti, però, la porta si riapre. Entrano due servi che aiutano Khame a rialzarsi e l'accompagnano di fronte ai tre saggi seduti sui loro scanni nella grande sala del consiglio.

«Tra le molte donne che si sono presentate, sei l'unica ad aver dato la risposta che attendevamo da una vera madre. Tutte le altre si sono sforzate senza successo con la ragione, con la forza o con l'astuzia di dare soluzione a un problema materialmente insolubile. Tu invece, spinta dall'amore, hai saputo guardare oltre ciò che è contingente, trovando la risposta. È la luce del cuore quella che attendevamo»

«Domani», continua il più anziano dei saggi «potrai incontrare il re e, se sei veramente la madre, quando toccherai la piaga, che sta deturpando il suo volto, questa si rimarginerà».

Il giorno dopo Khame, vestita come una regina, entra nella stanza del re e si getta ai suoi piedi implorando perdono.

«Ti ho abbandonato per disperazione e tu ora sei diventato la mia speranza. Ti ho gettato in una notte buia e tu ora sei la mia luce. Ho preferito non farti percorrere le strade del mondo per paura del dolore che altri avrebbero potuto provocarti, e tu sei diventato fonte di gioia per molti. Io ti ho dato la vita e tu ora me la ridoni».

Il re solleva la donna abbracciandola.

«Oggi è il giorno di una grande festa, perché avevo perso la madre e l'ho ritrovata. Non c'è tripudio più grande».

Confortata da queste parole Khame bacia la guancia del figlio e la ferita, come per miracolo, scompare.

Cari figli, qui finisce il racconto. È solo una favola. Ognuno di voi è stato amato, desiderato, accolto sin dal primo momento, sin dall'istante del concepimento. Ma questa storia mi aiuta a spiegare un'idea. Ho detto che il padre e la madre vi hanno dato con la vita un dono che non potrete restituire. Ma questo non è del tutto vero.

Se sarete portatori della vera speranza, anche voi potrete ridare il dono ricevuto con una luce più grande.

C'è una paternità e una maternità che vanno al di là della carne e che anche i figli possono vivere nei confronti dei genitori.

C'è un unico Padre che ci genera tutti e la fede in lui ci consente di diventare padri e madri gli uni per gli altri.

Non so come sarà il mare. Ma non abbiate paura. Non temete il diverso, l'imprevisto, il non programmato. In ogni fatto che ci provoca sono nascoste straordinarie opportunità di crescita umana. Sta in noi scoprirle, capirle e farle fiorire. Nessuna tempesta potrà farvi paura, se il timone sarà fisso alla meta. E quando vi sentirete stanchi, quando vi assalirà la tristezza, quando la paura vi stringerà da vicino, quando l'inimicizia vi porterà sconforto, ricordatevi che Dio è bene e che nell'amore di Cristo è racchiusa, a volte in modo misterioso, l'ipotesi positiva su tutto ciò che esiste. Anche sull'oscura malattia.

FILADELFIA

Nessuno per ora ha saputo darmi una risposta. Ma io continuo a porre la domanda. Che cosa ha provocato il tumore?

La forma di leucemia di cui soffro è definita cronica. All'inizio si muove nel corpo silenziosa, come un ladro nella notte. Ti aggredisce piano piano, si nasconde negli angoli bui, sino a quando esplode devastante. Non fosse stato per quel grumo duro, chissà quando me ne sarei accorto.

All'origine della malattia c'è stato un capovolgimento, uno strappo, una lacerazione. Il cromosoma numero 9, uno dei più importanti nella crescita delle cellule sane, si è spezzato. Frammenti di genoma sono stati catapultati contro il cromosoma 22, che a sua volta ha perso parte dei codici. Schegge senza controllo, foglie strapazzate dal vento, che sono andate a colmare il vuoto lasciato nel cromosoma 9 già ferito.

I medici definiscono questo fenomeno «scambio genetico» (traslocazione 9;22). Io penso a una confusione esistenziale che ha fatto perdere i punti di riferimento. Quasi un peccato originale. Una foschia all'origine della vita, in quel punto infinitamente piccolo in cui nascono le nuove cellule.

Quando la nebbia si è diradata, è apparso un cromosoma anomalo, più bello, più lucente, più maestoso, più potente di tutti gli altri. Nei libri di scienze è definito con un nome affascinante: Filadelfia (Ph).

Un cromosoma unico, ambizioso, pronto a uscire dal gruppo, desideroso di rompere le regole per diventare simile a un dio. Immortale, infinito. Non accetta limiti e per dimostrare la sua potenza produce a ritmo incessante cellule più robuste e vitali delle altre. Un'invasione di globuli bianchi, ognuno con l'impronta del nuovo creatore: Ph. Una quantità enorme, un cumulo sterminato che prende il sopravvento sulle cellule normali. Chi non si adegua viene eliminato, muore soffocato, rotola ai margini.

Così Filadelfia è diventato il nuovo padrone del mio sangue. Dilaga ovunque, le sue cellule corazzate non incontrano più resistenza. All'inizio del suo dominio anch'io mi sono sentito più forte. L'enorme aumento dei globuli bianchi mi aveva dato una straordinaria sensazione di benessere. Per alcuni mesi non ho avvertito il più piccolo malessere, nemmeno un accenno di raffreddore.

Ma, come ogni progetto in cui la creatura vuole diventare creatore, dopo l'esaltazione iniziale, il destino inevitabile è il tracollo nella violenza e nella morte.

Così è accaduto anche nel mio corpo. L'accumularsi degli invincibili Ph stava compromettendo la funzionalità della milza. Se i medici non fossero intervenuti, avviando le prime cure, anche il fegato sarebbe stato colpito insieme ai linfonodi. Il dilagare dei globuli bianchi avrebbe infine soffocato la crescita dei rossi e delle piastrine. Una progressione devastante, fino al violento tornado, all'esplosione finale, che avrebbe spazzato via ogni residuo equilibrio vitale.

Ora invece la situazione sta tornando lentamente sotto controllo, perché l'Oncocarbide (quattro pastiglie al giorno) distrugge le cellule in eccesso ristabilendo un apparente equilibrio. Ma, sino a quando nel mio sangue dominerà il superbo Filadelfia, sino a quando nelle vene circolerà anche una sola cellula con l'impronta Ph, votata al folle progetto dell'immortalità, il pericolo del tracollo non sarà evitato.

Da dove viene questo terribile invasore, questo lucente araldo della morte? C'è qualcosa di autodistruttivo nel tumore. È un male che ha radici lontane (quante volte ho pensato ai test e agli incidenti nucleari), ma anche profonde. Dove è calata quella nebbia da cui è spuntata la prima cellula anomala? Forse anche nel mio cuore.

Per anni ho cercato di essere perfetto. Non dovevo mancare mai un obiettivo, mai rinunciare, mai ammalarmi, mai piegarmi. Non c'era spazio per accettare i miei limiti e chiedere aiuto, non c'era tempo per essere stanco e cercare il riposo, non c'era ironia per sorridere delle sconfitte, non c'era amore per perdonare i nemici e tendere loro la mano. C'ero io, sempre più avviluppato nei miei progetti, perché nemmeno mi sfiorava il pensiero che qualcosa potesse interromperli. Sempre più forte, sempre più efficiente, sempre più autonomo, come Filadelfia.

A chi regalavo i miei dubbi, le mie preoccupazioni, le mie debolezze? A nessuno, credo, per non apparire imperfetto. Non dovevo mai essere fragile, tremante, febbricitante, anche quando lo ero. Così ho riempito la vita di una sola angoscia: quella di non sbagliare. E dal fondo di questa nebbia un giorno è apparso Filadelfia. Era l'ultimo grido di una vita irreale, l'estremo sussulto di un'ansia di perfezione che non poteva durare.

Diradata la nebbia, ho capito che devo curare le cellule impazzite e insieme devo guarire il cuore. Non so se esista un legame tra il tumore e la vita, ma nel mio caso l'uno sembra essere stato l'esito imprevisto, ma coerente dell'altra.

I medici non hanno dato risposta alla domanda sulle ragioni del male, ma mi hanno indicato la via prevalente di cura: il trapianto di midollo. Le cellule anomale dovranno essere distrutte con la chemio e la radioterapia e poi sostituite con quelle sane di un donatore. Seguendo questa strada è possibile ottenere la definitiva scomparsa dell'invasore Filadelfia e quindi una guarigione duratura. Il donatore di midollo, però, deve essere compatibile. Deve cioè possedere un patrimonio genetico quasi uguale al mio.

La prima ricerca si fa tra fratelli.

Telefono a Elena, la mia unica sorella, che già sa del mio male.

«Saresti pronta ad aiutarmi con il trapianto?».

«Se fosse possibile, sarebbe la più grande gioia».

Lei abita in un'altra regione e così decidiamo che ognuno si rechi presso il centro ematologico della propria città per ottenere la tipizzazione, cioè la carta d'identità del patrimonio genetico. Poi ci scambieremo i risultati.

Si apre una sfida. Una scommessa che ci lascia con il fiato sospeso per alcuni giorni. Che risultato uscirà dai due laboratori? Che esito darà l'analisi sui due campioni di sangue? L'alternativa è tra la possibile salvezza o una nuova angosciosa attesa.

Sei codici di prima classe ha il padre. Sei codici di prima classe ha la madre. A questi si aggiungono quelli di seconda classe. Ogni figlio al concepimento, per costruire il proprio patrimonio genetico, prende metà dei propri codici tra quelli del padre e metà tra quelli della madre.

Che scelta ho fatto agli albori della vita? Che scelta ha fatto Elena, mentre era una sola invisibile cellula? Come appare oggi importante quel momento, quell'attimo all'origine del nostro cammino, quando ancora nessuno, tranne Dio, sapeva della nostra esistenza.

La prima tipizzazione pronta è quella di mia sorella. Elena me la spedisce una sera via fax. Guardo e riguardo i codici più importanti, quelli di prima classe: A2, B44, Cw5. Li sfioro. Li accarezzo. Li interrogo. Quali segreti racchiudono? Da loro può dipendere il mio futuro, la mia vita. E perché sono solo tre, mentre dovrebbero essere sei? Qualcosa mi sfugge e troppi elementi non combaciano con le poche informazioni di cui dispongo.

Guardo e riguardo quei codici e mi sento come uno scolaretto alle prese con una espressione algebrica troppo difficile da risolvere. Il mattino dopo insieme a Ileana mi reco in città al Centro di ematologia. Saliamo di corsa le scale. Stringo quel foglio tra le mani, quasi fosse un passaporto per la salvezza. Vorrei avere subito una risposta, ma i risultati della mia tipizzazione non sono ancora pronti. In reparto ci sono molte persone in attesa e qualche emergenza da risolvere.

Luglio sta per finire. I colleghi sono in ferie e l'unico medico presente entra ed esce dal suo studio, corre verso il corridoio del day ospital e le stanze della degenza. Ha poco tempo per rispondere alle mie domande. D'altra parte che potrebbe dire? Dobbiamo aspettare che il laboratorio completi il suo lavoro. Solo allora sapremo che cosa è successo in quel punto lontano nel tempo. Scopriremo se i fratelli hanno stretto un patto all'origine della vita. Se hanno calcato le stesse orme genetiche. Se misteriosamente hanno guadagnato quell'identità che oggi consentirebbe a uno di salvare la vita dell'altro.

Penso a Elena. Siamo nati a due anni di distanza, ma esattamente nello stesso giorno dello stesso mese. Forse questa coincidenza può avere orientato le piccole cellule all'origine dell'esistenza. Forse è un segno. Forse riusciremo a mordere insieme il superbo Filadelfia. Per ora tuttavia non abbiamo certezze.

Lascio al medico una fotocopia del fax con la tipizzazione di mia sorella e chiedo: «Quando avremo una risposta?».

«Forse nel pomeriggio. Forse domani».

Me ne vado deluso insieme a Ileana. In città c'è un'afa opprimente, così decidiamo di ripartire subito per la nostra casa di montagna. Il viaggio mi sembra più lungo del solito e quando arriviamo mi sento sfinito, svuotato.

Spengo il telefonino e mi butto sul letto. Le troppe emozioni delle ultime settimane hanno esaurito ogni mia risorsa. Mi addormento in pochi secondi, senza nemmeno togliermi le scarpe.

Quando mi risveglio è pomeriggio inoltrato. Mi sento stordito, annebbiato. Sul comodino vedo il mio telefono cellulare ancora spento. Meccanicamente lo accendo per verificare se qualcuno ha lasciato dei messaggi. Sì, nella mia casella vocale c'è una comunicazione per me. Ascolto senza troppa attenzione. Sarà il solito addetto stampa che sollecita la mia partecipazione a qualche conferenza.

«Sono il dottor Matteo. Dopo tante brutte, finalmente una buona notizia. C'è compatibilità con la sorella».

Possibile? Forse mezzo addormentato come sono non ho capito bene. Ascolto il messaggio una seconda, e poi una terza volta. Sì. Le orme genetiche dunque coincidono. Il patto per la vita è stato siglato. Si spalanca la prima ipotesi di guarigione.

Chiamo Ileana a gran voce. Corro a cercarla. È nell'orto. Vado verso di lei urlando e lei subito non capisce. Anzi si spaventa temendo che io stia male. Concitato e con il respiro affannoso le spiego del mio risveglio e del messaggio. E allora anche lei si mette a urlare dalla gioia e ci abbracciamo. Dal labirinto dei codici è uscita questa sorprendente coincidenza.

Urliamo e ci abbracciamo.

Uno dei nostri nipoti, che era sceso nell'orto con Ileana, ci guarda stupito e chiede: «Che cosa è successo?».

«Abbiamo vinto alla lotteria», rispondiamo insieme.

IN VIAGGIO

Riuscirò a sconfiggere il lucente Filadelfia? Me lo domando mentre, insieme a Ileana, sono in viaggio verso Milano. L'obiettivo è quello di prendere un primo contatto con il Centro trapianti di midollo e parlare con la dottoressa Paola.

La tipizzazione ha messo in evidenza la compatibilità genetica con Elena, aprendo così la principale strada di cura. Riuscirò a percorrerla?

Ileana non si stanca di ripetermi che si sente fiduciosa, che ce la faremo.

Mentre ci rechiamo in taxi dalla stazione all'ospedale prego in silenzio. Nella borsa che stringo sotto il braccio ho tutta la documentazione sanitaria e le due preziose mappe genetiche su cui ho evidenziato con cura l'identità dei codici. Ora, ripensandoci, mi sento ridicolo. Ho sottolineato A2, B44, Cw5 nella mia scheda e in quella di Elena, come se questa coincidenza potesse sfuggire alla dottoressa che ci attende. In realtà ciò che mi preoccupa è che sulle mappe esistono molti altri indicatori di seconda classe che non sono riuscito a far combaciare. Così, per sostenere la speranza, ho messo in risalto quell'unica breve striscia di numeri e lettere sovrapponibili.

Ma non è tutto. La dottoressa Paola, cui ho subito telefonato per comunicare la buona notizia dell'uguaglianza dei primi codici tra me ed Elena, mi ha chiesto di far fare la tipizzazione anche dei genitori. Nella borsa, che stringo sotto il braccio, porto i risultati di queste ulteriori analisi, che ci hanno fatto scoprire una straordinaria scintilla di affinità tra il papà, Renzo, e la mamma, Loredana.

Sei codici di prima classe ha il padre. Sei codici di prima classe ha la madre. Il patrimonio genetico di Renzo è formato da A2, B44, Cw5 ripetuto due volte. Ma anche nelle sei stelle di Loredana figurano un A2, un B44, un Cw5.

All'albore della vita sia io che Elena ci siamo innamorati di quei tre codici che trovavamo ripetuti sia nel patrimonio del padre che in quello della madre e li abbiamo presi tre dall'uno e tre dall'altra. Così la nostra carta d'identità è formata da tre coppie di prima classe uguali: A2, A2; B44, B44; Cw5, Cw5.

Scopriremo solo tra qualche settimana che questa identità nasconde un terribile inganno.

È una splendida giornata di fine luglio. La luce, il sole, l'aria non troppo calda confortano. Ma quando arriviamo di fronte all'ospedale, vorrei fuggire. L'ingresso monumentale, di marmi bianchi, ricorda un mausoleo. L'austera architettura del periodo fascista mi sembra più adatta a commemorare i caduti in guerra che a sostenere la speranza di chi lotta per la vita.

Pago il taxista ed entriamo. Tutto mi appare sgradevole. Soffitti troppo alti, stanze troppo grandi e rumorose, in cui ogni voce rimbomba. Gli zoccoli di smalto grigio lungo le pareti; l'intonaco a tratti scrostato; gli infissi usurati dal tempo. Mi si stringe il cuore.

Nel primo cortile interno ci sono impalcature alle pareti e operai edili al lavoro. L'obiettivo è evidentemente quello di rifare il look a questo ospedale che sente il peso degli anni. Intanto, però, il risultato è quello di trasmettere un senso ancor più pesante di provvisorietà.

Ileana, che forse intuisce il mio stato d'animo, mi chiede: «Come ti senti?».

«Preferirei essere altrove», rispondo. Ma intanto andiamo avanti.

Nel dedalo delle scale e dei corridoi, senza rendercene conto, finiamo in un reparto sbagliato. E qui il senso di disagio cresce. Alla sala d'attesa si accede attraverso una porta a vetri su cui è appeso un inquietante cartello ingiallito dal tempo: «Accompagnare la porta mentre si chiude perché è rotta». Ma, se rotta da tempo, perché nessuno ha provveduto ad aggiustarla? Ci sediamo su una vecchia panca di ferro e legno. Leggo un altro cartello, non meno inquietante del primo: «A causa dell'alto numero di persone che entrano in corsia non è possibile evitare i furti». Che cosa mi ruberanno, penso, mentre sarò tra la vita e la morte?

Un terzo cartello avvisa che è proibito entrare in corsia perché la visita medica è in corso. Dobbiamo aspettare.

La sala d'attesa, più alta che larga, ha aperture su tutti e quattro i lati. Mi guardo intorno sconfortato. A destra c'è una triste stanza, con un distributore automatico di bibite, che probabilmente serve come punto di ristoro per i parenti. Dentro c'è solo una donna che mangia e la sua tovaglia è un sacchetto di carta appoggiato sul tavolino. Dalla corsia, all'improvviso, viene un rumore di vetri rotti. Subito dopo esce un'infermiera che, imprecando per l'incidente accaduto, corre a cercare il necessario per pulire il pavimento. Dopo l'infermiera esce un'anziana signora in vestaglia. Il suo volto è scarno e pallido. Cammina trascinando i piedi e regge in mano una boccia di vetro, piena di liquido trasparente, collegata al suo braccio con un piccolo tubo di plastica. Si guarda intorno, forse alla ricerca di un parente che non è ancora arrivato, poi, senza pronunciare una sola parola, torna in corsia avvolta da un'ombra di sofferenza.

Mi sento in trappola. Guardo Ileana e sto per dire: «Andiamo via», ma lei mi precede: «Forse abbiamo sbagliato reparto».

Telefoniamo alla dottoressa per verificare. Abbiamo sbagliato reparto. Usciamo in fretta, senza accompagnare con la mano la porta a vetri che si chiude con fragore alle nostre spalle. Scendiamo di corsa le scale. Quando finalmente entriamo nel Centro trapianti di midollo ci guardiamo negli occhi e sorridiamo. Qui si respira un'aria diversa. I soffitti troppo alti sono stati abbassati. Il colore dominante non è il grigio, ma il bianco e il verde. Ogni particolare trasmette un senso di pulizia e di efficienza. Vedo in una stanza moderne attrezzature informatiche. Ci accoglie un'infermiera cordiale e sorridente. La dottoressa Paola le ha detto di farci accomodare nel suo studio, dove ci raggiungerà tra poco. Prima di superare la soglia, però, dobbiamo infilare le scarpe in coperture di plastica colore azzurro per evitare di portare sporco all'interno. Un gesto che diventerà un'abitudine.

«Ciao, Paola».

Lei vuole sapere la storia della mia malattia e poi devo rispondere a una lunga serie di domande che servono per compilare la scheda clinica sul mio caso.

«Quando è stata l'ultima volta che hai fatto le analisi del sangue?».

«Hai avuto gravi malattie in passato?».

«Hai subito operazioni chirurgiche?».

«Soffri di allergie?».

Rispondo con quel tanto di precisione che mi consentono i vaghi ricordi sulla mia storia sanitaria. Ma sono impaziente. Vorrei ottenere spiegazioni, sapere se la cura sarà praticabile. Quali rischi dovrò affrontare?

Paola intanto compila con attenzione la cartella clinica. Al termine mi guarda negli occhi e mi dice: «Ora tocca a te fare domande».

«Ne ho molte da porti. A iniziare da questa. Da dove viene questo male che mi ha aggredito silenzioso; che ho scoperto per caso; che ha sconvolto la mia vita?».

«Non c'è un singolo punto da cui provenga. Molte possono essere state le cause. Dunque non ho una risposta sicura da darti. Ma in questo momento credo che per te ci sia un'altra domanda più importante e prioritaria».

«Che cosa chiederesti al mio posto?».

«Chiederei: dottore, qual è oggi la migliore terapia per me che ho questa malattia?».

«Hai ragione. Da qualunque punto sia arrivato questo muto aggressore, ora dobbiamo sconfiggerlo. Che cosa faremo?».

«Ci sono tre parole importanti nella domanda che ho formulato per te. Tre chiavi di accesso per comprendere il cammino che cercheremo di fare insieme, se tu sceglierai di farlo con noi».

«Se sceglierò? Ma io ho già scelto. L'ho fatto nel momento in cui mi sono seduto su questa sedia. Se tu vuoi. Ho bisogno del tuo aiuto. E ora spiegami le tre parole. Mi sono sfuggite. Non ho colto la loro importanza».

«Oggi; migliore; per me».

«Oggi; migliore; per me? Che cosa vuoi dire?».

«Ci sono studi e ricerche in corso. Forse tra qualche anno potremo utilizzare nuovi farmaci e nuove terapie. Noi però abbiamo bisogno di curare il tuo male ora. Dunque dobbiamo utilizzare una forma di cura che sia praticabile oggi».

«E la seconda parola?».

«Migliore».

«Già. Che cosa può esserci di migliore in questo abisso in cui sono caduto?».

«Migliore significa che non parliamo solo di sopravvivenza, ma anche di qualità della vita. Che dovremo discutere dei rischi immediati, ma anche della possibilità di condurre in futuro un'esistenza normale, libera dalla malattia».

«La terza parola la ricordo: per me. Per me che sto qui seduto davanti a te. Per me che sino a poche settimane fa non sapevo nulla del destino che mi attendeva. Per me che ho figli che ancora studiano. Per me che sto cercando ragioni di speranza anche in questo tunnel».

«Sì. Per te che hai una certa età; un certo stato di salute; determinate esigenze. Di tutto questo terremo conto cercando il tuo personale percorso di guarigione».

«Che cosa mi proponi?».

«Esistono due strade alternative. La prima punta a rallentare e rimandare il più a lungo possibile nel tempo l'esplosione della malattia. Ma non la sconfigge. La seconda punta invece a estirpare il male. A eliminarlo alla radice. È un percorso che comporta più rischi, ma il suo obiettivo è la guarigione. Come sai questa seconda strada consiste nel trapianto di midollo da un donatore».

«La scelta è difficile. Drammatica. Rinviare nel tempo? Per quanto tempo? E quando fosse scaduto il termine, magari molto prima del previsto, mi pentirei di non aver tentato, potendolo fare, la strada della guarigione. Ma non avrei una prova di appello. Oppure affrontare subito rischi più gravi. Entrare nel tunnel sapendo che la luce dovrebbe avvolgerti di nuovo, ma potrebbe anche spegnersi per sempre. Almeno la luce di questa terra. Già l'alternativa mi era stata prospettata. Ho riflettuto a lungo. Ho pregato. Non è stato facile e ancora oggi mi assalgono molti dubbi. Ma, se tu mi dici che io, così come sono, con la mia età, la mia storia, la mia salute, posso affrontare il trapianto di midollo, andando incontro a un rischio ragionevole, allora scelgo la strada del trapianto di midollo».

«Comprendo la tua incertezza di fronte a una simile scelta. Non è necessario che tu decida subito. Puoi riflettere ancora, se lo desideri. Io ti posso però dire che il rischio è ragionevole e noi cerchiamo di ridurlo al minimo, con una preparazione accurata del paziente prima del trapianto. Ti scruteremo da capo a piedi. Verificheremo se esistono, in qualche parte del tuo corpo, eventuali focolai di infezione pronti ad esplodere quando le tue difese immunitarie verranno annullate. Cureremo in anticipo questi punti deboli. Durante il trapianto utilizzeremo le più moderne tecnologie in camera sterile. Dopo la dimissione adotteremo adeguate terapie e precise norme alimentari e di comportamento. Tutto questo ridurrà il rischio. Lo renderà come tu dici ragionevole. Ma voglio essere sincera con te. Noi faremo tutto il possibile, ma non potremo eliminare ogni pericolo».

«Lo so».

«I risultati ottenuti sinora ci dicono che intraprendere questa strada, a determinate condizioni, è più che ragionevole. D'altra parte il rischio è presente in molti passi della nostra vita. Anche quando compiamo gesti apparentemente banali, come salire sulla nostra auto e metterci in viaggio».

Resto un poco in silenzio. Scambio uno sguardo d'intesa con Ileana e poi comunico la mia decisione. In fondo è per questo che sono venuto al Centro trapianti. «Affronterò il cammino difficile, quello che può portare alla guarigione».

«Al lavoro, dunque. Presto inizieremo i controlli. Ma intanto dimmi, come stai vivendo questo periodo in cui la malattia si è affacciata con il suo volto minaccioso?».

«Mi sento ferito, ma non disperato. Desideroso di guarire, ma anche pronto a sopportare. Il vento impetuoso del male è stato devastante, ma ha fatto anche chiarezza in molti punti della vita che si erano riempiti di nebbia. È un'esperienza difficile da comunicare, ma posso dire che ora amo di più e mi sento più libero».

«Ti capisco. Una malattia così grave è un fatto imprevisto, inaspettato, impensabile. Ti capita addosso e ti costringe a cambiare direzione. È un nuovo punto di partenza».

«Per guarire».

«E anche per maturare. Nell'umanità e nella fede. Ti suggerisco di leggere un libro. È un libro che io amo molto, *L'annuncio a Maria*, di Paul Claudel».

«Andrò a comprarlo domani».

«La terra è unita al cielo, il corpo è unito allo spirito. Tutte le cose ch'egli ha creato comunicano tra loro, tutte sono necessarie le une alle altre, dice Anna Vercors, prima di affrontare la lunga prova del pellegrinaggio».

«È vero. La terra è unita al cielo e anche dal fondo scuro di questa malattia si può guardare verso l'alto».

«Nel libro ci sono due gruppi di personaggi. Da una parte Mara, Giacomo, la madre, dall'altra Violaine, Pietro di Craon, Anna Vercors. Una vita ordinaria i primi. La disponibilità a una chiamata straordinaria i secondi. Così è la malattia. Un colpo di campana che irrompe nel quotidiano, una chiamata inattesa che scardina i piccoli progetti e insieme guida a una profondità maggiore. Se si è disponibili ad accettare questa provocazione alla verità di sé, allora la strada da percorrere, pur nella prova e nella fatica, può diventare l'occasione di una crescita speciale. Chi pensava di dover solo riparare il tetto di casa ecco che si cimenta con la volta di una cattedrale. Un cammino straordinario».

«Un cammino difficile».

«Ma possibile».

«E intanto da dove inizieremo?».

«Tornerai presto al nostro Centro per avviare la fase di preparazione. Dovrà venire anche tua sorella, per approfondire la vostra compatibilità».

«Non bastano, dunque, i dati che ti ho portato?».

«No. Non sono ancora sufficienti. Dovremo capire se ogni dettaglio coincide. Dovremo capirlo, perché quel rischio sia ragionevole».

S.O.S. PER LA VITA

«Sia benedetta, o Signore, ogni cosa che a Te mi conduce.

Sia benedetta l'immensa bellezza del creato, che Tu ci doni, Padre misericordioso.

Sia benedetta la nostalgia che mi prende al tramonto, perché nel mio cuore c'è sete di Te. Tu hai suscitato questa attesa. Fai che possa trovare risposta.

Siano benedetti i fratelli che mi parlano di Te e mi aiutano a guardare là dove Tu sei. E quando la nebbia attorno diventa più fitta mi ricordano che sopra, dove ancora io non vedo, splende il sole.

Sia benedetta, o Signore, ogni cosa che a Te mi conduce.

Siano benedetti la stanchezza e il tremore, perché quando sono fragile mi è più facile capire che il senso della vita non sta nella mia forza, ma nel Tuo amore.

Sia benedetta la sabbia di questo deserto in cui ora cammino, se Tu mi hai condotto qui per parlare al mio cuore. E aiutarmi a cambiare».

Sull'altare del piccolo oratorio, vicino alla casa di montagna, dove sono venuto a pregare, è dipinta questa frase: «Crucem Domini Adoremus». Adoriamo la croce di Cristo.

«Ma come è difficile, o Signore, adorare la tua croce. Come è difficile per me, che inseguo piccoli idoli luccicanti e comodi, accettare la contraddizione della nostra sofferenza. Eppure, se è questo che ora mi chiedi, sia benedetta la croce. Sia benedetta anche questa malattia che mi fa salire verso di Te e sfiorare il santo legno. Fai che sia una strada verso la resurrezione».

Dopo il viaggio a Milano e l'incontro con Paola il mio atteggiamento verso la malattia sta cambiando. Laggiù, nel fondo cieco della disperazione, il buio un poco alla volta si dirada. Come un fuoco, come un chiarore nella notte, matura una nuova prospettiva. Non solo perché si intravede una prima tenue prospettiva di guarigione. Non solo per questo. Anzi. L'illusione di aver trovato subito la via giusta di cura presto si dissolve.

I primi dubbi emergono da una semplice prova: la cultura mista. Un campione di sangue mio e uno di Elena vengono mischiati e coltivati per alcuni giorni in laboratorio presso l'ospedale di Milano.

In caso di coincidenza genetica la convivenza è pacifica. Nella nostra prova, invece, scoppia la guerra. I globuli di una parte assalgono minacciosi quelli dell'altra, come se avessero dimenticato di appartenere a due fratelli. È una verifica empirica. Da sola non basta a stabilire in modo certo la non adeguata compatibilità. Eppure insinua un dubbio.

Io ancora non so nulla. Solo Paola è stata informata dell'imprevisto conflitto sui vetrini del laboratorio. Durante una visita al Centro milanese la dottoressa cerca di prepararmi a quella che potrebbe essere la dura realtà.

«Temo che ci sia qualche problema, qualche difficoltà nel fare il trapianto con Elena. Per capire dovremo aspettare il risultato di analisi ad altissima risoluzione che già abbiamo avviato».

Sento pronunciare questa frase, ma subito la censuro. La cancello dalla mia mente. Continuo a illudermi come se non fosse stata pronunciata. Quali problemi potrebbero esserci? Siamo fratelli e io ho più volte evidenziato i codici coincidenti.

Ileana, invece, ascolta con attenzione e, pur non parlandomene subito, intuisce in anticipo che la prima strada di salvezza probabilmente si è chiusa.

La verità emerge quando arrivano i risultati delle analisi più sofisticate. Esistono alcune differenze, di cui una in un punto decisivo per il successo del trapianto. Dove è nato l'inganno, dove si è formata l'illusione?

Tre codici di prima classe, agli albori della vita, ha scelto Emilio dal padre: A2, B44, Cw5. Tre codici ha scelto dalla madre: A2, B44, Cw5. Tre codici di prima classe, agli albori della vita, ha scelto Elena dal padre: A2, B44, Cw5. Tre codici ha scelto dalla madre: A2, B44, Cw5. Identica la scelta al primo livello. Ma, dietro questa uguaglianza nella prima classe, le differenze si sono nascoste tra i codici di seconda classe. I parametri secondari, quelli rilevabili solo con gli strumenti più sofisticati, non combaciano. Identici i nomi principali. Differenti le impronte secondarie, quelle che completano la complessa carta di identità genetica. Il patto tra i fratelli è stato siglato, ma non così forte da consentire il grande dono del trapianto. Da consentirlo, almeno, con un rischio ragionevole.

Sono deluso e scoraggiato quando, di fronte all'evidenza dei risultati delle analisi ad altissima risoluzione, i miei occhi si aprono e vedo la realtà.

Quanta illusione nel mio primo viaggio a Milano, stringendo sotto il braccio la cartelletta con i fogli che sembravano prospettare la compatibilità. E ora? Non c'è più certezza di cura, né prospettiva fiduciosa di guarigione, né forza nella mia lotta contro il lucente Filadelfia. Cado nello sconforto. La mia prima corsa è finita in un incrocio pieno di foschia. Dovrò ricominciare, cercare un nuovo sentiero. Ma in quale direzione? In questo momento so solo che il percorso che mi attende sarà più faticoso di quello illusorio che mi si era prospettato. Il tumore va affrontato un passo alla volta. Ma i passi compiuti finora sembrano vani.

«Le differenze cromosomiche emerse sconsigliano il ricorso alla sorella come donatrice di midollo per il trapianto. Secondo i nostri parametri, infatti, il rischio sarebbe troppo elevato», mi spiega la dottoressa Paola nel suo studio.

«Ma, se abbandoniamo questa strada, che cosa faremo?».

«È giunto il momento di rivolgerci al Registro internazionale».

«Registro internazionale?».

Esiste una straordinaria forma di generosità che consente di fornire la materia necessaria per un trapianto, senza subire alcuna menomazione. Tendere una mano e salvare una vita, senza perdere nulla di sé. Compiere il dono supremo, accettando solo un momentaneo sacrificio.

Quando non si trova un familiare compatibile, è possibile fare ricorso al Registro dei donatori di midollo. Si tratta di un elenco informatizzato, presente in oltre 30 Paesi del mondo in collegamento tra di loro. Uno stupefacente SOS per la vita. Senza frontiere.

Per entrare a far parte di questo elenco di uomini e donne generose basta avere un'età compresa tra i 18 e i 35 anni, non essere affetti da malattie del sangue o altre gravi forme infettive e, ovviamente, essere animati dal desiderio di contribuire a salvare qualcuno che sta soffrendo. In Italia il punto di riferimento è l'ADMO, Associazione donatori di midollo osseo (www.admo.it).

Il midollo, che si presenta alla vista come sangue, viene di solito prelevato dalle ossa del bacino. L'intervento è praticato in anestesia generale o locale e comporta un ricovero in ospedale di due notti e alcuni giorni di convalescenza. Negli oltre 100.000 prelievi effettuati finora in tutto il mondo non si sono mai verificate conseguenze negative, salvo il dolore locale, destinato a scomparire. Il midollo prelevato si riforma da solo, tanto che il dono potrebbe essere ripetuto anche una seconda volta.

Chi entra a far parte del registro internazionale si dichiara disponibile ad accettare questo prelievo per salvare una vita. Si impegna seriamente a mettere a disposizione, in caso di necessità, alcuni giorni del proprio tempo per ridare speranza a un'altra esistenza.

Al momento dell'iscrizione si deve solo effettuare, presso uno dei centri trasfusionali autorizzati, un semplice prelievo di sangue periferico. Pochi secondi, senza bisogno di anestesia, una puntura d'ago su un braccio. Dal campione si ricava la tipizzazione HLA, cioè una prima elementare carta d'identità genetica. Questo codice, in modo assolutamente anonimo, viene inserito nel Registro nazionale, in collegamento con quello degli altri Paesi.

Quando, per salvare un malato di leucemia o di linfoma, si rende necessario un trapianto di midollo, questo grido di aiuto, questo SOS viene inserito nel Registro. Parte allora un confronto informatico. Il codice genetico del malato viene paragonato a quello di tutti i donatori disponibili. Se si riscontrano delle somiglianze genetiche si passa agli approfondimenti. Solo nel caso di piena compatibilità si chiede al donatore di prepararsi, se ancora lo vuole, al prelievo di midollo, per rendere possibile il successivo trapianto.

Molti si iscrivono. A pochi sarà chiesto il dono per un trapianto.

Ma la grandezza del cuore si dimostra già tutta nel dichiarare la disponibilità iniziale. E nell'essere pronti ad aspettare. Senza nulla aggiungere, tranne l'attesa di poter servire un fratello.

Più alto è il numero degli iscritti al Registro, più facilmente il grido di aiuto potrà trovare risposta. I donatori nel mondo sono oggi alcuni milioni, ma questa cifra non consente ancora di rispondere in modo positivo a tutti gli appelli. In Italia, grazie all'importante lavoro svolto dall'ADMO, in dieci anni il numero dei donatori è salito da 2.500 a circa 300.000. Ma non basta. La gara di generosità deve continuare.

È come accendere una luce di notte, lungo la riva del mare. Tu sei nel porto e là fuori il mare è calmo. Non sai se il tuo faro potrà servire, non sai se qualcuno chiederà aiuto. Non importa. Accendi la luce. All'improvviso può scoppiare la tempesta. In mezzo alle onde ci può essere un navigante che cerca la via della salvezza. E il tuo faro potrebbe essere l'unico giusto per condurlo al porto.

Più luci accese ci sono, più vite si possono salvare. Se il tuo faro resterà spento, tu non lo saprai mai, ma qualcuno potrebbe perdersi nel nero del mare.

Parlo per me. È vero. Adesso tra le onde che si alzano minacciose ci sono io. Ma parlo anche per tutti quelli la cui barca verrà ribaltata dal lucente Filadelfia. Dove potremo approdare? Più luci accese ci sono, più vite si possono salvare.

In soli due giorni, grazie all'aiuto di un bravo funzionario della mia ASL, riesco a completare tutte le pratiche necessarie per attivare il Registro internazionale. Guardo e riguardo quei fogli. Sì, c'è tutto. Invio le copie col fax al Centro trapianti di Milano.

Parte il mio SOS.

Ci sarà una luce accesa per me lungo la riva del mare?

L'ALBA DEL NUOVO MILLENNIO

Il 31 dicembre io e Ileana partiamo per Roma. La decisione è stata improvvisa. Avevamo già programmato da tempo un viaggio con la stessa meta nel successivo mese di ottobre. Ma il futuro si è fatto incerto. Meglio non aspettare. Festeggeremo in San Pietro il passaggio al terzo millennio. Faremo memoria di quella nascita, Dio uomo tra gli uomini, che duemila anni fa ha segnato in modo indelebile la storia del mondo. Immischiandosi con noi ha svelato la verità sul senso della vita e della morte, quella verità che l'uomo, pur cercandola affannosamente e pur avvicinandosi ad essa, non riuscirebbe da solo a raggiungere. E l'attrattiva di questa verità ha toccato anche il nostro cuore.

Con stupore.

Dal giorno della diagnosi, il 7 luglio, sono passati quasi sei mesi. A fine settembre Caterina è tornata dall'Irlanda. Ho parlato a lungo con lei e con Davide della grande prova che questa malattia porta nella nostra famiglia e di come dovremo affrontarla. La vita è ripresa normale, ma diversa da prima.

Ci sono piccoli segni che documentano la svolta in atto. Cambiano le priorità, a iniziare dalla gestione del tempo. Ora trovo spazi inaspettati e originali per la preghiera. Anche in treno, o sull'autobus. Ciò che era rito, o abitudine, non lo è più. Una svolta che incide nei rapporti di tutti i giorni. Piccoli segni, forse impercettibili all'esterno. Provo più gusto nell'incontrare gli altri, privilegio il tempo da dedicare agli amici e le occasioni che mi mettono a contatto con nuove persone, soprattutto con chi ha bisogno, con chi è debole, malato, infelice, abbandonato. L'attrattiva di quella verità riverbera in attrattiva di rapporti veri e provo il desiderio di comunicare a tutti quanto sta avvenendo.

Piccoli segni, ma è come il formicolio che si prova in una mano o in un piede, rimasti troppo a lungo compressi, tanto da rallentare la circolazione, quando il sangue torna a scorrere.

Intanto ci rechiamo a Roma. Un viaggio deciso in fretta e rimasto in forse sino all'ultimo momento. Ileana è stata colpita dal virus dell'influenza. Anch'io ho la febbre alta. Poi in una sola notte, dopo un giorno di intensa preghiera, tutto si risolve e il 31 dicembre, al momento della partenza, ci sentiamo bene.

Sveglia alle ore 5,30. Abbiamo prenotato sull'unico Eurostar del mattino che ferma anche alla stazione della nostra città e poi prosegue per Roma. I posti che ci hanno assegnato si trovano in fondo alla seconda carrozza, uno a destra e l'altro a sinistra del corridoio, di fianco a una porta automatica che si è rotta. Così ogni volta che passa qualcuno dobbiamo prima spiegare come si apre e poi alzarci per richiudere. Ma il treno viaggia in orario e presto arriviamo alla stazione Termini.

È l'ultimo giorno dell'anno e nel pomeriggio ci rechiamo nella basilica di San Pietro per partecipare alla recita dei primi vespri e al *Te Deum* presieduti dal Papa. E insieme a Giovanni Paolo II ringraziamo per l'anno trascorso: per il tempo vissuto nella gioia, per il tempo vissuto nella sofferenza, per il tempo misterioso visitato dall'angelo della morte, che ha strappato Enzo da questa terra per condurlo in cielo. Insieme preghiamo perché tutto, anche quello che ora fatichiamo a capire e ad accettare, come la malattia, nell'amore del Padre si ricomponga in storia di salvezza.

«Canti il cuore con speranza – dice il Papa – in Cristo ieri, oggi, sempre, nulla è più come prima». Il passaggio attraverso la Porta santa del Giubileo è il segno di questo cambiamento radicale, della possibilità di conversione offerta ad ogni uomo, qualunque sia la sua condizione attuale, qualunque sia la sua storia.

Nulla è più come prima.

Quando usciamo dalla basilica è già buio. Mangiamo in fretta un panino, è il nostro «cenone», poi ci fermiamo in piazza San Pietro dove inizia il grande concerto con Claudio Baglioni. Attorno a noi più di trecentomila persone gremiscono la piazza e tutta via della Conciliazione.

Scherzo con Ileana: «Abbiamo avuto un'idea originale!».

A mezzanotte il nero del cielo, dietro il bianco colonnato, si illumina in modo esplosivo. È una festa di fuochi d'artificio. Pioggia di stelle viola, verdi, gialle, azzurre, comete bianche che si inseguono, balzano verso l'alto e poi ricadono, carri di fuoco sempre più luminosi che fuggono precipitosi dalla loro sorgente e poi si spengono.

Io e Ileana in mezzo alla folla ci abbracciamo e ci baciamo. È sicuramente l'ultimo giorno dell'anno più spettacolare, più ricco di gioia e di significati positivi che abbiamo vissuto. La malattia, con il suo carico di incertezze sul futuro, non ci ha sconfitti.

Il mattino dopo, di nuovo, sveglia all'alba. Siamo ospiti presso un convitto sul colle del Gianicolo. Oltrepassato l'antico portone, per raggiungere la nostra camera si devono salire otto rampe di scale, di quelle larghe e con i gradini alti, senza ascensore. Ma di quassù la vista su Roma è stupenda.

Mi alzo per primo e a fatica. Abbiamo dormito solo poche ore. Mi sento fiacco e intorpidito, ma quando mi affaccio alla finestra resto incantato. Anche la città si sta svegliando dal buio e svela, nel primo chiarore, il profilo delle case, dei giardini, dei monumenti carichi di storia. Il silenzio avvolge ancora ogni cosa e si ode, a tratti, soltanto il canto mattutino degli uccelli. Il cielo, blu intenso, diventa quasi bianco verso l'orizzonte, per poi capovolgersi in un bagliore rosato contro il profilo nero dei colli lontani.

È l'alba del nuovo millennio.

Un'alba che mi ricorda quella di milioni di anni fa, quando il mondo nasceva incontaminato dall'amore di Dio creatore. La notte è alle spalle. Non dimenticata, non del tutto cancellata, ma alle spalle. La notte della vita, fatta di incoscienza e di distrazione, tutta chiusa nell'angustia dell'egoismo, si frantuma. Mi ero raggomitolato nel buio, quasi in un letargo del cuore. Ora spalanco gli occhi e mi chiedo quante volte ho perso lo stupore di un'alba, di un incontro, di un volto, di una domanda, girandomi dall'altra parte, mentre il grande mistero di Dio mi interrogava. Dove ero? C'è voluto lo strappo violento della malattia per rompere il catenaccio della cella e la porta si apre verso un'inaspettata libertà.

È l'alba del nuovo millennio. Un'alba che rallegra.

Sveglio Ileana, la sollevo tra le braccia e, incurante delle sue proteste assonnate, la costringo a scendere dal letto perché venga con me alla finestra ad ammirare il nuovo giorno che nasce.

Alle ore sette siamo già in piazza San Pietro, quasi deserta, a quest'ora, nel primo giorno del nuovo anno. Abbiamo scelto il sacrificio di questo secondo risveglio mattutino per poter vivere con il massimo raccoglimento il rito del Giubileo per l'indulgenza: la visita alla basilica, la confessione, la penitenza, la santa messa e la comunione, la preghiera per le intenzioni del Papa.

È il primo giorno del nuovo millennio. Un'alba di speranza per riconciliarci con Cristo.

GUERRA DI POSIZIONE

Salgono, salgono. No, si sono fermati. Solo qualche impercettibile oscillazione. Ma che fanno? Ora precipitano verso il basso come trascinati in un vortice. E rimbalzano. Un piccolo salto, poi un altro e infine imboccano decisi la strada del recupero. In alto, in alto, troppo in alto!

È come seguire l'andamento dei titoli in Borsa. Ogni settimana, dopo l'esame del sangue, si guardano i risultati, quasi fossero le quotazioni ufficiali di Piazza Affari. Dove si saranno posizionati i globuli bianchi?

Se salgono troppo, oltre quota diecimila, i medici aumentano la dose quotidiana di Oncocarbide per farli scendere. Se si riducono troppo, avvicinandosi a quota quattromila, l'Oncocarbide viene diminuita, o addirittura sospesa per favorire la risalita.

È una guerra di posizione. Le due trincee si fronteggiano in un silenzio irreale, sino a quando uno dei nemici tenta l'assalto per guadagnare qualche metro. E l'altro prima attutisce l'urto, poi risponde con superiore vigore. È un confronto logorante, ma senza apparenti effetti sul mio fisico. La guerra di posizione è diventata quasi una routine. Assumo l'Oncocarbide nella misura prescritta e mi sento bene. Ma, fino a quando?

Il terribile Filadefia è sempre là, nella trincea nemica. Mi scruta dal suo nascondiglio, mi provoca con le sue schermaglie, sempre pronto a farsi avanti appena ne vede la possibilità. Intanto prepara i rinforzi e organizza le retrovie per l'assalto finale. Quanto potrà durare? I medici dicono che questa guerra di posizione può continuare anche anni. Filadelfia per ora è stato fermato, la sua avanzata devastante è stata bloccata. Ma è certo che rialzerà la testa con una forza d'urto tale da travolgere le mie attuali difese. E sarebbe allora guerra totale, dall'esito incerto. I controlli settimanali hanno non solo l'obiettivo di dosare l'Oncocarbide, ma anche quello di comprendere in anticipo le intenzioni del nemico e preparare nuove e adeguate difese, qualora Filadelfia decidesse di accelerare il confronto. E, prima o poi, lo farà.

All'inizio di febbraio mi concedo una breve vacanza. Torno a sciare sulle amate Dolomiti. Prima di partire mi reco al reparto di ematologia della mia città per il prelievo settimanale di sangue. Poi via verso l'azzurro del cielo e il bianco della neve tagliato dalle rocce più alte.

Il terzo giorno di vacanza sono seduto insieme a Ileana nella cabina a quattro posti, ma due sono vuoti, dell'impianto di risalita verso una delle piste più ampie e scenografiche della zona. Ci godiamo il panorama mentre la cabina, per il vento, ogni tanto dondola leggermente nel vuoto. Siamo ancora lontani dall'arrivo quando squilla il telefonino che porto con me in una delle tasche della tuta da sci.

Mi cercano dal Centro trapianti di midollo di Milano. È la capoinfermiera.

«La aspettiamo domani mattina, entro le otto e a digiuno. Dobbiamo eseguire dei controlli urgenti».

La sorpresa e il contrasto con il luogo in cui mi trovo, da tre giorni non mi ricordo più di essere ammalato, mi tolgono la parola.

«Pronto..., pronto», dice la capoinfermiera, pensando che la comunicazione si sia interrotta.

Solo allora chiedo una spiegazione.

«Domani mattina? Che cosa è successo? Perché tutta questa urgenza?».

«Dal laboratorio di ematologia della sua città ci hanno avvisati che il risultato degli ultimi esami del sangue non è regolare. Qualcosa non procede come dovrebbe. La dottoressa Paola teme che sia l'inizio dell'accelerazione».

Io cerco di prendere tempo: «Non si potrebbe rinviare di qualche giorno?».

Ma la capoinfermiera chiude la telefonata con un: «A domani mattina», che non ammette repliche.

Sono frastornato. Resto un poco in silenzio poi, mentre la cabina continua a salire, spiego a Ileana che la nostra vacanza termina in quel punto. Ma come è possibile? I medici avevano detto che di solito la guerra di posizione dura anni.

Di solito, ma non sempre. E nel mio caso Filadelfia non ha avuto pietà. Niente concessioni. Niente rinvii. Il confronto finale è già alle porte? Mentre mi diverto sulla neve ecco che sono travolto nella battaglia decisiva contro il male mortale?

Come sono fragili i nostri piccoli progetti. Come foglie che l'autunno insidia a ogni folata di vento, come buche scavate nella sabbia in riva al mare che l'onda smussa a ogni passaggio. Se qui fosse riposta la nostra speranza, come ci troveremmo presto disperati. Presto, sempre troppo presto, anche se passassero anni.

La cabina completa la sua salita e alla stazione del rifugio le porte si aprono automaticamente, ma noi restiamo seduti. Aspettiamo che si richiudano e, dopo un giro attorno alla grande ruota di traino, iniziamo la discesa. Siamo gli unici ad andare verso valle in mezzo a una fila di cabine vuote. Useremo il tempo di questo secondo viaggio per organizzarci. Telefono ai figli, rimasti a casa per ragioni di studio. Telefono agli amici, che ci hanno accompagnato in questa vacanza e che, più mattinieri, ci hanno preceduto sulle piste. Telefono a Milano e prenoto un albergo vicino all'ospedale per questa stessa notte. Ora non resta che preparare le valige. Come sono fragili i nostri piccoli progetti. È presto, troppo presto per il confronto finale con Filadelfia. Ma già bisogna partire.

Il mattino dopo, alle ore otto e a digiuno, arriviamo all'ingresso vetture dell'ospedale. Ho il volto arrossato dal sole, indosso il maglione da montagna, porto gli sci sul tettuccio dell'auto. Che strano malato! Ma c'è una segnalazione d'urgenza per me e mi lasciano passare.

In reparto dopo il prelievo di sangue subisco anche il prelievo di un campione di midollo, poi mi praticano una flebo di chemioterapia, per ribattere colpo su colpo il temuto assalto di Filadelfia. Infine una flebo per evitare i conati di vomito che la chemioterapia potrebbe procurarmi. Me ne sto a lungo disteso su un letto del reparto con l'ago infilato in una vena, mentre i medicinali scendono goccia dopo goccia.

Com'è lontana la neve delle Dolomiti!

Solo alle ore tredici, dopo controlli, prelievi e terapie, posso parlare con la dottoressa Paola, che cerca di tranquillizzarmi. Il segnale di pericolo giunto dal laboratorio di ematologia della mia città non può essere sottovalutato. Ma potrebbe anche rivelarsi un falso allarme. Per capire se veramente il confronto finale si avvicina dovremo attendere il risultato delle analisi oggi predisposte.

Poi, con un sorriso, Paola mi dice che c'è una buona notizia. «Anche noi stiamo affilando le armi. La ricerca avviata sul Registro dei donatori di midollo non è stata senza esito. Dall'estero sono arrivate segnalazioni di alcuni soggetti che presentano un'iniziale compatibilità. È poco, ma si può continuare negli approfondimenti. Non partiamo da zero, come purtroppo a volte succede. Chiederemo, con urgenza, ai centri interessati di contattare i donatori e, se questi sono ancora disponibili, di inviarci i campioni di sangue per i successivi confronti».

Mi ridesto dal torpore procurato dalla chemioterapia. Il mare era calmo e all'improvviso è scoppiata la tempesta. Nella notte, però, gli approdi della riva non si confondono più con il buio del cielo. Qualche luce si è accesa. Pallida, lontana, tremolante, ma accesa. Tra di esse potrebbe esserci quella giusta per condurci al porto della cura. Non c'è tempo da perdere, anche perché nei giorni successivi i timori di accelerazione troveranno conferma. È guerra totale.

Durante il viaggio di rientro a casa è Ileana a guidare la nostra vettura. Io sono stanco, avverto nausea e, dopo il prelievo di midollo, devo tenere la gamba destra a riposo. Nel nostro cuore ci sono sentimenti contrastanti. Paura e attesa. Che strana coincidenza! Tutto sembrava perduto ed ecco che la ricerca sul Registro dei donatori si rivela positiva.

«Che caso singolare!».

«Il caso non esiste», mi corregge Ileana. «Nulla avviene per caso. Anche quando non riusciamo a capire. Anche quando gli avvenimenti contrastano con i nostri desideri. Tutto fa parte della storia d'amore con cui il Padre ci offre ogni giorno la possibilità di incontrare la Sua presenza. Se chiudiamo gli occhi e rifiutiamo l'invito allora diciamo: è il caso, è un fortuito accidente, è la sorte maligna o benigna. In realtà è il nostro cuore che si fa piccolo per non spalancarsi al mistero».

Vorrei rispondere e invece mi assopisco. Poi mentre mi addormento penso a quei fili d'amore che uniscono ogni avvenimento. E spero.

Passano dieci giorni e la seconda telefonata mi raggiunge a casa. Il contenuto è identico alla prima: dovrò presentarmi il mattino dopo, entro le otto e a digiuno, al Centro trapianti di Milano per controlli urgenti. Ma il motivo della richiesta mi fa esultare. Dalla Germania sono arrivate le provette di sangue di un donatore disponibile a offrirmi il suo midollo. I dati sinora disponibili indicano l'esistenza della compatibilità. E ora dovrà avvenire il confronto diretto con il mio sangue per il test di conferma completo. Si accende la luce, proprio nel momento in cui calavano le tenebre.

«Non è un caso», ripete Ileana.

SUL PAVIMENTO

Se oggi mi chiedessero: «Che cos'è il matrimonio?», racconterei di me e Ileana distesi di taglio sul pavimento di un piccolo appartamento a Milano. A guardarci negli occhi.

Il confronto con i campioni di sangue del donatore tedesco si rivela positivo.

«Il trapianto si può fare», afferma, dopo un'attenta verifica, la dottoressa Paola.

Arriva così una nuova telefonata: «Sono la capoinfermiera. L'aspettiamo lunedì mattina, entro le ore otto e a digiuno. Questa volta però dovrà organizzarsi per restare a Milano alcuni giorni».

Prenoto tre notti in albergo, preparo una piccola valigia e dico a Ileana: «Sarà una breve vacanza, non sulla neve, ma in città».

Inizia così la fase di preparazione al trapianto. Durante la prima visita la dottoressa Paola mi fa capire che i giorni da trascorrere vicino all'ospedale non saranno alcuni, ma molti, molti di più. Per le necessità della cura e della successiva convalescenza, poi, dovrò disporre di una struttura abitativa che non può coincidere con un albergo.

Che fare? Con Ileana peregriniamo da un'agenzia immobiliare all'altra, ma, nella zona dell'ospedale, non si trova un solo appartamento ammobiliato da affittare. L'unica soluzione sembra essere un residence, dove ci chiedono però una cifra per noi insostenibile: circa duemila euro al mese per pochi metri quadrati.

In nostro soccorso viene la solidarietà che fiorisce da cuori generosi nei pressi dei luoghi di cura e di sofferenza. Un aiuto che mi ricorda come in anni lontani gli stessi ospedali siano nati dalla carità che, in nome di Cristo, accoglieva i malati più gravi e bisognosi e si faceva compagna di speranza nei momenti estremi.

In questo caso la solidarietà ha nome «Associazione Amici Ematologia Talamona». Gente concreta che sa a quali disagi vada incontro il malato, e la sua famiglia, quando per ragioni di cura debba trasferirsi da una regione all'altra e trascorrere mesi presso un ospedale, lontano dalla città d'origine. Volontari abituati a condividere con discrezione storie di sofferenza, di guarigione, ma anche di morte, dedicando gratuitamente tempo a questo scopo.

Sono loro a metterci a disposizione un piccolo appartamento gestito dall'Associazione e appositamente attrezzato per il periodo di convalescenza post-trapianto. È un monolocale, abitato sino a pochi giorni prima da una coppia di Bari che, terminate le cure, è rientrata nella propria città. Una sala luminosa, un piccolo bagno, una piccola cucina, un piccolissimo ingresso. Gli spazi sono da centellinare, la convivenza sarà «gomito a gomito», ma, dopo le lunghe e infruttuose ricerche, io e Ileana siamo entusiasti. Entusiasti anche per i nuovi amici incontrati.

È la fine di marzo quando prendiamo possesso della nostra abitazione milanese. Dal giorno dopo la fase di preparazione al trapianto entra nel vivo. Ogni mattina raggiungo l'ospedale per sottopormi a prelievi, visite, controlli, radiografie. Dagli occhi alle narici, dal cuore alle unghie dei piedi, tutte le parti del mio corpo vengono sottoposte a un meticoloso check-up. Si vuole verificare il mio stato di salute per sapere se il fisico potrà resistere al ciclone che mi attende. Si cerca di scoprire ogni piccolo focolaio di infezione, per curarlo in anticipo ed evitare che, restando latente, possa trasformarsi in un pericoloso incendio al momento della prova. Mi scrutano, mi analizzano, saggiano le mie forze.

Ogni giorno che passa mi rendo conto con crescente consapevolezza che il trapianto di midollo non sarà una passeggiata. Cerco di documentarmi e leggo una statistica secondo cui, in casi come il mio, cioè trapianto da donatore non consanguineo su un uomo adulto, le possibilità di sopravvivenza a breve (durante e subito dopo il trapianto) non superano il 60 per cento.

«Numeri vecchi», mi rassicura la dottoressa Paola, ma intanto quelle cifre mi restano impresse nella memoria. E poi, se non fosse così rischioso, perché tanti controlli, tante verifiche, tanti accertamenti preventivi? Sono sempre più convinto di conoscere solo in minima parte i pericoli cui sto andando incontro e ogni sera, prima di addormentarmi, un brivido gelido mi attraversa la schiena. È l'ombra del dubbio che si allarga, mentre cresce in me la voglia di tirarmi indietro, di dire di no.

Dov'è il virus che potrebbe falciare le mie resistenze? Nelle pieghe di un vecchio vestito o in fondo a un sacchetto del supermarket? E quale delle persone che incontro per la strada potrebbe trasmettermi una malattia? Capisco che per andare avanti devo affidarmi. Affidarmi alla competenza dei medici, alle cure degli infermieri, all'affetto di Ileana, ma soprattutto affidarmi all'amore di Cristo e al soccorso di Maria.

A partire da tre settimane prima della data fissata per il trapianto i medici mi fanno adottare particolari precauzioni per evitare di contrarre qualche infezione che potrebbe compromettere il buon esito dell'intervento. Non posso più frequentare luoghi affollati e, quando esco di casa, devo indossare una mascherina uguale a quella che usano i chirurghi in sala operatoria. È di un simpatico colore azzurro e mi fa sentire protetto, ma le persone che incontro per la strada mi guardano con sospetto e mi evitano, pensando che io sia portatore di chissà quale contagio.

In ospedale mi preparano anche per le pesanti terapie che dovranno precedere il trapianto e che serviranno per aggredire di forza il terribile Filadelfia, invadere le sue trincee, cancellare quasi completamente la sua presenza dal mio corpo. Così facendo, però, anche il mio midollo andrà distrutto e le mie difese immunitarie annullate. Da qui la necessità di intervenire subito dopo iniettandomi il midollo del donatore.

La terapia più importante e faticosa è quella che i medici definiscono TBI, irradiazione totale del corpo in radioterapia. Insomma un bombardamento nucleare violento ed esteso, anche se mirato secondo le regole della guerra moderna.

Devo firmare un foglio in cui dichiaro di essere consapevole di tutti i rischi cui sarò esposto sotto il fuoco delle radiazioni. L'elenco è talmente lungo che nemmeno lo leggo, se no scapperei veramente. Poi due dottoresse mi accompagnano nella sala della radioterapia. A torso nudo mi fanno sdraiare su un lettino per «prendere le misure». Disegnano cioè il profilo dei miei polmoni, riproducendone anche la mappa, in modo indelebile con il tatuaggio, sul mio costato. Le «misure» servono per realizzare delle sagome che, posizionate secondo le indicazioni del tatuaggio, eviteranno un'esposizione eccessiva dei polmoni al bombardamento nucleare.

Terminate le «misure» si decide una prova generale per farmi capire come comportarmi in occasione della TBI e per verificare il disegno esatto delle sagome prima della loro definitiva realizzazione. Devo distendermi su un fianco, appoggiandomi solo sul braccio e sulla gamba destra e rimanere completamente immobile. Sarà necessario mantenere questa posizione per 40 minuti, due volte al giorno, per tre giorni di seguito, mentre la macchina dei raggi terrà sotto mira il mio corpo.

Intanto si prova. Medici e infermieri escono dal gelido salone e le ultime parole sono quelle della dottoressa più giovane: «L'avviseremo con l'altoparlante quando potrà muoversi».

Resto solo e ben presto mi accorgo che la posizione in cui mi trovo è una vera tortura, un'indicibile sofferenza. Il peso del corpo grava sul braccio, blocca la circolazione del sangue e provoca un dolore acuto e insopportabile. Cerco di muovere la mano, di spostare un po' il peso sulla spalla, ma dalla sala di regia arriva subito l'invito a restare immobile. Poi silenzio.

Quando finalmente una voce dall'altoparlante avvisa che la prova è finita, mi riverso di schiena sul letto di ferro dal duro materassino e resto immobile. Ho la sensazione che il braccio destro sia stato tagliato dal mio corpo e non riesco a muovere le dita. Il tempo trascorso mi sembra lunghissimo, e invece sono passati solo dieci minuti.

Torno a casa scoraggiato. Penso che non ce la farò mai a resistere per 40 minuti due volte al giorno. Comprometterò la più importante terapia? Perderò la prima importante sfida con Filadelfia? Non può essere. Così decido di allenarmi, ma i primi tentativi sono fallimentari. Dopo dieci minuti crollo e mi riverso sulla schiena.

Ecco il matrimonio. Per sostenermi e incoraggiarmi Ileana decide di allenarsi con me. Lei sana si fa malata, con me malato, per condividere la mia sofferenza, per portare insieme lo stesso peso.

Ecco il matrimonio. Distesi di taglio, in due sul pavimento della piccola casa milanese, mentre il dolore al mio braccio destro e al suo sinistro cresce e cresce. Ci guardiamo negli occhi, preghiamo, cerchiamo di sorridere, stringiamo i denti.

Ogni giorno cerchiamo di prolungare la nostra resistenza di qualche minuto. E, se la prova si conclude in modo negativo, Ileana mi conforta: «Vedrai domani andrà meglio».

Il traguardo del quarto d'ora viene consolidato. Poi quello dei 20 minuti. Ogni giorno un nuovo tentativo. In due, distesi di taglio sul pavimento, stringendo i denti per il dolore e cercando di sorridere. Per affrontare insieme anche questa singolare sfida che la vita ci ha proposto e rendere più vera la nostra unità.

Nella buona e nella cattiva sorte.

CAMERA STERILE

Mi guardo allo specchio e impallidisco. Sono le sei del mattino e tra un'ora dovrò presentarmi al Centro trapianti di midollo. È il giorno fissato per il mio ricovero. Ancora assonnato sono nel piccolo bagno del monolocale milanese, dove vivo, insieme a Ileana, da circa un mese. Per lavarmi e prepararmi mi sono tolto la giacca del pigiama e la canottiera. Poi mi sono guardato allo specchio.

Guardo di nuovo per essere sicuro di non aver avuto un'allucinazione. E mi manca il respiro.

Il mio costato, la mia pancia, le mie braccia sono cosparsi di punti rossi. Tocco delicatamente la pelle. Giro e rigiro le braccia. Le piccole macchie sono centinaia. Temo di aver contratto una malattia virale e contagiosa, come la scarlattina. «Non può essere», penso con sconforto. «Non è possibile», mi ripeto mentalmente mentre tocco di nuovo la mia pelle arrossata su cui rimane, per alcuni secondi, l'impronta chiara delle dita.

«No, no, no», dico con un filo di voce, «proprio oggi non doveva accadere».

Non conosco la causa di questa esplosione di punti rossi, ma un'eventuale infezione renderebbe impossibile, per ora, il trapianto, rimandandone l'attuazione chissà a quando.

«Proprio oggi non doveva accadere».

Non è stato facile fissare la data dell'intervento. Ci sono volute molte lunghe telefonate e scambi di fax con l'ospedale tedesco che deve coordinarsi con quello italiano. Una prima scadenza, già definita dal Centro trapianti che mi assiste, è stata scartata perché il donatore si era dovuto assentare per motivi di lavoro. Ora finalmente tutto è concordato per venerdì 5 maggio. Quel giorno al mattino avverrà il prelievo del sangue midollare dal donatore, nel pomeriggio è prevista l'infusione nel mio corpo. È già prenotato un volo Berlino-Milano per consentire a un medico di portarmi quel preziosissimo dono nel minor tempo possibile.

Per essere pronto all'appuntamento, da oggi, 27 aprile, deve iniziare il conto alla rovescia. Ogni giorno sono programmate cure, chemioterapie e radioterapie indispensabili perché il mio corpo possa ricevere e assimilare con successo il nuovo midollo. Una macchina estremamente complessa si sta mettendo in moto per cercare di salvarmi la vita. A Berlino è fissata la sala operatoria per il prelievo. A Milano il Centro di radioterapia sarà a mia disposizione alcune ore al giorno per tre giorni di seguito.

Ogni particolare è stato definito, conciliando molte diverse esigenze. Ogni aspetto organizzativo è ormai concordato. Ogni struttura necessaria prenotata. La camera sterile è libera e da ieri mi attende. Il conto alla rovescia sta per iniziare e io mi presento coperto di punti rossi come uno scolaretto che ha preso la rosolia.

«Non è possibile, non è possibile».

Eppure ho seguito tutte le precauzioni suggerite dai medici per evitare infezioni. L'ho fatto con rigore, con scrupolo quasi maniacale, cadendo anche in ridicoli eccessi per non correre rischi. E invece! Dov'era nascosto l'odioso bacillo che mi ha colpito? Nell'ascensore o in un corridoio dell'ospedale?

Urlo e chiamo Ileana a gran voce. Lei accorre e non può che constatare, con sgomento pari al mio, l'esplosione di punti rossi che mi ha colpito.

«E adesso?».

«C'è una sola cosa da fare: raggiungere in fretta il Centro trapianti. Solo lì possono capire di che cosa si tratta e proporti una soluzione. Restare qui e ritardare non serve a nulla».

Acceleriamo la nostra preparazione, ci guardiamo attorno un'ultima volta prima di uscire, scendiamo dal sesto piano con il vecchio ascensore, che questa mattina sembra particolarmente lento, poi via nel traffico milanese a bordo della nostra Polo blu, verso l'ospedale. Lungo tutto il tragitto restiamo in silenzio. Ognuno conosce le preoccupazioni, le paure, le speranze dell'altro e sembra inutile aggiungere parole.

Al Centro trapianti di midollo mi accoglie un'infermiera allegra e cordiale.

«Buon giorno! La tua camera in hotel è pronta».

Le spiego in modo concitato la sindrome che mi ha colpito. «Proprio oggi».

L'infermiera mi tranquillizza con un divertito sorriso.

«I punti rossi? Niente paura, è solo una banale allergia. Capita a volte. Potrebbe essere stato il Betadine».

«Allergico? Al Betadine?».

Ieri ho subito un breve intervento presso il reparto di chirurgia. Immobile, coperto di teli verdi, ho ascoltato a occhi chiusi ogni parola dei medici che mi operavano dopo avermi praticato solo un'anestesia locale. Con celere abilità hanno inserito un catetere venoso che dovrò portare per almeno 100 giorni. Si tratta di un piccolo tubo di silicone (detto di Hickman) che entra direttamente nel mio costato all'altezza del capezzolo destro e che, scavalcata la scapola sotto pelle, va a infilarsi nella vena giugulare. D'ora in poi sarà questa la via di collegamento con il mio corpo. Servirà per prelevare campioni di sangue, ma anche per infondere i medicinali necessari, così come ogni sostanza nutriente. Per circa due settimane verrò alimentato e dissetato solo attraverso questo piccolo tubo di colore bianco. Sarà il mio biberon e anche la via di salvezza che servirà per infondere il sangue midollare del donatore.

Il catetere nella parte terminale si biforca e forma due punti di ingresso: uno chiuso da un piccolo tappo a vite di colore rosso, l'altro da un tappo di colore bianco. Da ieri lo tratto con ogni riguardo, disinfettandolo e avvolgendo i punti di ingresso con garze sterili e cerotto di seta come mi è stato insegnato.

Prima dell'intervento chirurgico un infermiere ha cosparso il mio costato con un disinfettante. Il Betadine, appunto.

«Allergico? Al Betadine?».

«Può essere, vedremo. Capita, capita. La prossima volta cambieremo disinfettante. Comunque saranno i medici a stabilire la causa dell'allergia. Intanto andiamo. È l'ora del prelievo di sangue e oggi non c'è tempo da perdere. Subito dopo la dottoressa ti visiterà».

Scambio un sorriso con Ileana che resta in sala d'attesa. Tanta paura per nulla. I punti rossi da minacciosi aggressori si sono già trasformati in innocue macchioline. Il temuto pericolo però ci aveva ammutoliti. Mi rendo conto solo ora che non ci siamo scambiati parole adeguate di saluto e di incoraggiamento prima del ricovero. Guardo ancora Ileana.

«Ti verrò a trovare appena possibile», mi dice.

«Ti aspetto», e le invio un bacio con una mano.

«Andiamo, andiamo», ripete energica l'infermiera tirandomi per un braccio mentre la porta della sala d'attesa si chiude dietro di me.

Dopo il prelievo di sangue la dottoressa Paola, al termine della visita, mi indica la vera causa dell'allergia. Non il Betadine, che, cosparso solo sul costato, non avrebbe causato punti rossi anche sulle braccia, ma un antibiotico, il Bactrim Forte, che sto assumendo da sei giorni come terapia preventiva. L'eruzione cutanea dovrebbe scomparire in breve tempo dopo la sospensione del farmaco. Via libera, dunque. Il conto alla rovescia può iniziare.

Prima di entrare in camera sterile devo fare la doccia, usando come detergente un disinfettante. Toccherebbe di nuovo al Betadine, ma l'infermiera mi porta un prodotto diverso, anche se ugualmente efficace.

«Non si sa mai».

Con in una mano il flacone del disinfettante e un guanto di spugna nell'altra entro nel piccolo locale destinato alla doccia e di colpo capisco che la mia vita subisce, in questo momento, una svolta radicale. Mi tolgo il vestito a giacca grigio che mi ha accompagnato in tante inchieste, in tante interviste, in tanti appuntamenti di lavoro. Non ci sono appendiabiti e così lascio cadere prima la giacca e poi i pantaloni per terra. Chissà se e quando tornerò a indossare quel vestito ora ammonticchiato come un grumo di stracci. Anche la camicia azzurra vola a terra.

Nelle ultime settimane ho fatto decine di telefonate per rinviare appuntamenti e alla domanda «A quando?» non ho mai potuto dare una risposta precisa. Ho avvisato i miei collaboratori e ho fornito loro le indicazioni necessarie per continuare il lavoro anche in mia assenza. Quanti saluti! Quanti incoraggiamenti! Ma ora questo mondo sembra lontano, come il vestito grigio ammonticchiato per terra. Se non avessi una più grande speranza, mi sentirei un uomo finito.

Per asciugarmi dopo la doccia ho a disposizione un lenzuolo sterile. Avvolto in quel telo bianco, quasi giocassi a fare il fantasma, esco dal piccolo locale pieno di umidità e di vapore. Ad attendermi nel corridoio c'è un infermiere, Vito, addetto ai trapiantati, che già mi conosce. L'ho incontrato alcune volte mentre da solo fumava una sigaretta seduto sulle scale, fuori della sala d'attesa.

«Venga, signor Emilio, che le mostro che cosa deve fare».

Lo seguo lungo il corridoio sino all'ingresso della camera sterile.

All'interno di una stanza più grande, con porta e serramenti in alluminio e doppi vetri a chiusura ermetica, c'è un grande box con pareti di plastica. Lastre trasparenti dello spessore di un centimetro che, fissate solo al soffitto, scendono quasi fino a toccare il pavimento. Dovrò vivere in questo involucro per circa un mese, come il bruco nel bozzolo, in attesa di diventare farfalla e spiccare il primo volo. Le lastre trasparenti delimitano uno spazio di tre metri per tre. La parte superiore di questo cubo è costituita da una grande griglia da cui esce in continuazione aria condizionata e purificata, passata cioè attraverso appositi filtri che eliminano batteri, germi e impurità. La pressione dell'aria solleva leggermente le lastre, come fossero grandi ali, e le tiene scostate lungo i lati di cinque o sei centimetri l'una dall'altra. Da queste lunghe fessure, più strette verso il soffitto e più larghe vicino al pavimento, l'aria che cala dalla griglia esce dal box trasparente ed entra nella stanza dove viene riaspirata e filtrata, oppure pompata all'esterno attraverso apposite feritoie.

Vito mi mostra come entrare. Facendo pressione con un gomito, e senza toccare nulla con le mani, devo allargare l'apertura tra una parete di plastica e l'altra e infilarmi in quello spazio. Lascio cadere a terra il lenzuolo. Un passo e sono dentro.

«Signor Emilio, intanto può vestirsi. Trova tutto sul letto. Tra pochi minuti la raggiungo per collegare il catetere. Torno subito subito».

Non ascolto quasi queste parole. Nudo, con il catetere che mi pende dal costato, mi guardo attorno e mi sento solo, di una solitudine così intensa come non ho mai provato. Che strana prigione: ha pareti trasparenti e facilmente valicabili, ma da ora in poi non potrò più superarle, se non in rarissimi casi e con rigorose precauzioni. Le terapie cui verrò sottoposto a partire da oggi annienteranno infatti le mie difese immunitarie. A quel punto un virus potrebbe essere per me mortale. La sfida, per giorni e giorni, sarà quella di mantenere fuori del box ogni fonte di infezione, anche il più microscopico batterio. Tutto ciò che entrerà dovrà essere rigorosamente sterile. Una sfida surreale, contro nemici invisibili, contro aggressori senza volto. E io dentro a proteggermi.

Chiuso in scatola, nel mio piccolo spazio vitale penso a chi è rimasto fuori. Dove sarà ora Ileana? Sicuramente è già rientrata nella nostra casa milanese e forse sta telefonando a Davide e Caterina per dire che il primo passo verso il trapianto è compiuto, che il conto alla rovescia per salvare il papà ha preso il via. La immagino mentre ride con loro della nostra grande paura, dei puntini rossi che ci hanno fatto ammutolire. Potessimo essere insieme, io e Ileana seduti da un lato del tavolo, Davide e Caterina dall'altro, a parlare dei fatti della vita, durante il pranzo, dopo la recita dell'angelus. L'ultima volta che questo è avvenuto il nostro dialogo è stato interrotto dalla telefonata proveniente dal Centro trapianti. Mi avvisavano che per alcuni giorni avrei dovuto trasferirmi a Milano, nei pressi dell'ospedale. Ma i giorni si sono prolungati, sino al ricovero.

Mi guardo intorno per adattarmi a quella nuova gelida stanza. Su un lato, vicino alla parete trasparente c'è il letto il cui pianale, comandato da una pulsantiera elettrica, può cambiare posizione, sollevandosi o abbassandosi in più punti, per alleviare i disagi di un lungo decubito. Alla spalliera del letto è fissata una lampada a braccio mobile per consentire al malato di leggere comodamente stando sdraiato. Poco distante un riquadro in alluminio con numerose spie luminose, pulsanti e gli attacchi circolari per la fornitura di aria compressa e ossigeno. A fianco del letto, in successione lungo la parete di fondo, ci sono un comodino, su cui è appoggiato il telefono, due contenitori pieni di garze e uno strano lavandino. Tutti questi arredi sono di lucido acciaio, con superfici perfettamente lisce, facili da pulire e sterilizzare. Il lavandino non ha rubinetto. Dall'alto, sulla piccola vasca, pende un tubo di plastica collegato a un filtro. L'afflusso dell'acqua viene comandato solo dall'esterno. Ogni volta che ne avrò bisogno dovrò chiamare, premendo l'apposito pulsante, un infermiere per aprire e per chiudere il rubinetto. Un'operazione che accentuerà il senso di totale dipendenza.

Sul lato opposto a quello dove si trova il letto c'è una sedia in formica e acciaio. Gli infermieri le danno il nome di «comoda». Il pianale di seduta si può sollevare e sotto c'è un contenitore di plastica. È questo il mio water. Non ha acqua corrente, ma solo un sacchetto da cambiare dopo l'uso. D'altra parte tutto ciò che uscirà dal mio corpo, prima di essere gettato, dovrà essere osservato e pesato, come prezioso indicatore del mio stato di salute e della mia capacità di resistere alla dura prova del trapianto. Al centro del box c'è un tavolino, anche questo in lucido acciaio, facile da spostare grazie a quattro silenziose ruote di gomma. Nessun altro arredo, tranne i guantoni.

Pendono, come proboscidi di elefante alla cui estremità siano state cucite due mani rigonfie, di fianco al letto. Sono di gomma ed è impossibile non notarli subito nel loro colore arancione. Le braccia vi si infilano dall'esterno, attraverso due oblò esistenti sulla parete di plastica e al cui contorno circolare la parte terminale dei guantoni aderisce in modo ermetico. Serviranno agli infermieri per compiere su di me piccole operazioni, come prelievi di sangue dal catetere, senza dover entrare nel mio cubo sterile.

Mi giro lentamente. Nella stanza, fuori dal box, di fronte a me ci sono mensole e contenitori in acciaio. In un angolo una sedia grigia su cui dovrà sedere Ileana durante le sue visite. Alla mia destra c'è un'unica grande finestra rettangolare. Che cosa vedrò per giorni e giorni? Solo un triangolo di cielo, troppo piccolo per contenere un'intera nuvola. Solo un triangolo di prato, ogni tanto popolato da uccelli che beccano chissà quali insetti. Poi un vecchio fabbricato, alto cinque piani, facente parte dell'ospedale. Ne vedo la parete esterna segnata dal tempo, sporca e stinta, con l'intonaco che cade a pezzi scoprendo, a chiazze, i mattoni sottostanti. Una parete malata, con finestre troppo alte e troppo grigie e balconate troppo lunghe, profilate di marmo. Meglio guardare altrove.

Su una mensola di fronte a me gli infermieri hanno già collocato il quadro. E io sorrido. Per ingannare il tempo di solito i ricoverati portano un televisore che occupa quella posizione. Io no. Io ho portato un quadro. È la riproduzione di un'antica immagine della Madonna che stringe tra le braccia Gesù bambino. Un affresco del XV secolo, con il Cristo ancora in fasce che allunga la piccola mano per accarezzare il volto di Maria.

«Un quadro al posto della TV?».

Mi hanno preso per matto. È stata una sfida, ma ora mi chiedo se non sia il caso di ripensarci. Quante ore passerò in questa gelida camera, con l'incessante ronzio del condizionatore che pompa aria purificata? Mi annoierò a morte senza un televisore? Forse, eppure per la musica ho il lettore CD e per le notizie ho la radio. Non cambio idea. E alla fine capirò di aver avuto ragione.

FRAGILI SOGNI

Il vento
nasconde il viso tra gli alberi
la sera.
Rotola come sasso
ai piedi del monte
e tace.
Ora gli scogli
guardano lontano.
Verranno lunghe onde
a bagnarli di sogni.

Ho scritto questa poesia ancora adolescente. Chissà che cosa sognavo allora, mentre come un giovane puledro mi affacciavo ai prati della vita. Certo non di finire in questo cubo di plastica largo tre metri per tre. Vito è tornato per collegare il catetere e così ho assistito alla prima «vestizione».

Per entrare nella mia area protetta medici, infermieri, personale addetto alle pulizie devono indossare un lungo camice verde, calzari alti sino al ginocchio, cuffia, mascherina e guanti di gomma. Tutti questi indumenti sono sterili, vengono usati una sola volta e, dopo essere stati estratti dal contenitore che ne assicura la sterilità, non devono toccare nessuna superficie esterna prima dell'ingresso. Nemmeno i calzari, che vengono indossati, con qualche acrobazia, facendoli appoggiare su un foglio verde di carta sterile.

Poi con una rapida mossa del gomito l'apertura tra due pareti di plastica viene allargata e, con un passo, chi mi assiste è dentro.

Vito, che lavora al centro trapianti da alcuni anni, è abile e preciso. Completa la vestizione con cura ed entra nel box. Poi chiede a un collega, Rocco, che resta all'esterno, di passargli tutto ciò che serve per il collegamento.

«Flush ed eparina», dice Vito, pronunciando una specie di parola d'ordine che per ora a me suona misteriosa.

«Flush ed eparina», risponde Rocco, allungandogli due piccoli flaconi di liquido.

«Flush ed eparina?», chiedo dal letto dove mi sono sdraiato, dopo aver indossato il pigiama sterile.

«Signor Emilio, i due punti di uscita del catetere a ogni intervento vanno irrorati con fisiologica, il lavaggio, ed eparina. Per farlo utilizziamo quattro piccole siringhe, quelle che Rocco mi sta passando. Ma stia sereno. Dopo aver aspirato il liquido dai flaconi, toglierò l'ago. Niente punture in camera sterile».

Il passamano continua. Entrano garze, disinfettante, i piccoli tubi di plastica trasparente necessari per il collegamento, le relative prolunghe, una bacinella d'acciaio di forma ovale, il cerotto di seta, un termometro. Vito dispone tutto con ordine scrupoloso sul tavolino mobile. Io seguo ogni mossa serio e un po' allarmato.

«Preoccupato?», chiede l'infermiere di cui vedo solo i lucidi occhi verdi, perché il resto del volto è coperto dalla cuffia e dalla mascherina.

«Come non esserlo?».

«Dovrà restare circa un mese in questa stanza. Non è l'eternità. Passa in fretta. Vedrà. Sa a quanti trapianti ho assistito?».

Scuoto il capo in risposta.

«A più di centotrenta. Può fidarsi».

«E poi la nostra è la coppia più veloce del reparto», incalza Rocco dall'esterno ridendo di questa vanteria. «Nessuno ci batte. Dai Vito, smetti di fare i ricami e passami i tubi, che c'è già un campanello che suona in corridoio».

Vito, irritato dalla frase di Rocco, non risponde e in silenzio, con scrupolo, estrae i sottili tubi trasparenti da un secondo involucro sigillato, li avvita alle prolunghe e ne fa uscire circa due metri attraverso un piccolo foro, di cui non mi ero ancora accorto, esistente sulla parete di plastica all'altezza del mio cuscino. Per non intralciare il suo lavoro me ne sto sdraiato e immobile dopo aver sollevato verso il mento la canottiera, così da scoprire i due punti di ingresso del catetere sul costato.

All'esterno del box, in corrispondenza del mio letto, c'è un alto supporto alla cui sommità, quasi fosse un albero della cuccagna, sono stati appesi due grossi flaconi contenenti i liquidi necessari per le prime terapie. Rocco prende un tubo per volta e lo collega a un flacone, così che il liquido inizia lentamente a scendere portandosi verso Vito che si trova all'estremità opposta.

«Chiudi», dice Vito quando il primo tubo è pieno e Rocco dall'esterno ferma momentaneamente il flusso del liquido, mentre l'infermiere di fianco al mio letto inizia il collegamento con la prima via del catetere. E così fa con la seconda. Poi il flusso, goccia a goccia, dei liquidi riprende.

Due metri di ogni sottile tubo sono fuori dal box. Tre metri dentro: sufficienti per consentirmi di scendere dal letto e raggiungere la «comoda», che sta dalla parte opposta. Come un bambino nel ventre materno, c'è un cordone ombelicale che mi assicura la vita e fornisce al mio corpo, attraverso il catetere, difese e alimento. Per circa un mese resterò costantemente collegato, tranne al momento della doccia e per recarmi in radioterapia alla TBI.

«Signor Emilio, mentre sono qui proviamo anche temperatura e pressione», dice Vito e mi consegna il termometro, dopo aver riposto con cura il flacone del disinfettante, le garze rimaste e il cerotto di seta nella bacinella ovale. Rocco, intanto, è uscito per prendere due strumenti, simili a scatole azzurre con un display nero. Sono le pompe di infusione. Le fissa al supporto esterno, più in basso però rispetto ai flaconi dei medicinali, e le collega alla presa della corrente elettrica. I display si illuminano con numeri digitali di colore rosso.

«A che cosa servono?», chiedo, mentre restituisco il termometro a Vito.

«Trentasei e quattro. Questi marchingegni controlleranno giorno per giorno, minuto per minuto, secondo per secondo l'afflusso dei liquidi al catetere, contando il numero di gocce e regolandone la velocità. E ci avviseranno con un segnale di allarme che si sente dal corridoio, anche se non suona il campanello, perché magari lei sta dormendo, quando il flacone è vuoto».

«Se funzionano», aggiunge Rocco, mentre apre il piccolo sportello laterale della prima pompa di infusione e collega il sottile tubo trasparente agli appositi sensori. «Ecco, velocità quaranta per l'acyclovir», e digita i numeri sulla tastiera sotto al display. Lo strumento conferma con un bip.

«Se funzionano?», ripeto, mentre Vito stringe al mio braccio destro la fascia nera gonfiabile per misurare la pressione.

«Queste pompe sono vecchie carrette ormai esaurite. Presto ne avremo in dotazione di più efficienti, ma intanto dobbiamo accontentarci», continua Rocco, e chiude il piccolo sportello laterale sulla seconda scatola azzurra. Ma questa volta la risposta è un prolungato segnale di allarme.

Beebip, beebip, beebip.

«Sai come fare?», chiede Vito.

«Certo», replica pronto Rocco e schiaccia un tasto sul retro della pompa di infusione, prima di ripetere l'operazione, facendo passare il sottile tubo trasparente attraverso i sensori. Ma quando richiude il piccolo sportello di nuovo scatta l'allarme.

Beebip, beebip, beebip.

Rocco spazientito colpisce due volte con il palmo della mano la parte superiore della scatola azzurra. E finalmente arriva il bip di conferma.

«Con le buone maniere si ottiene tutto».

Vito e Rocco per ora hanno finito il loro lavoro nella mia stanza ed escono in fretta. Altri degenti reclamano la loro presenza e hanno suonato l'apposito campanello collegato a un segnale luminoso nel corridoio. Resto solo, in compagnia dell'incessante ronzio che viene dalla grande griglia dell'aria condizionata. Ma dopo pochi minuti la seconda pompa di infusione lancia nuovamente il suo allarme.

Beebip, beebip, beebip.

Guardo preoccupato. Il flusso del medicinale, goccia a goccia, sembra regolare, ma l'inquietante segnale continua. Così mi giro lentamente, facendo attenzione ai piccoli tubi collegati al mio costato, e premo una, due, tre volte il tasto del campanello. È Vito che viene in mio soccorso e ripete con meticolosa pazienza il collegamento sino a quando non ottiene il segnale di conferma. Mentre sta per uscire gli chiedo di inserire nel lettore CD, che si trova nella parte della stanza esterna al mio box, un disco.

«Con piacere, signor Emilio. E quale vuole?»

«Il primo della scatola. L'ha realizzato Davide, mio figlio. Utilizzando il computer e il masterizzatore ha raccolto per me alcune delle armonie che preferisco».

Dieci frammenti, dieci brani di musica classica, in cui dieci autori diversi, utilizzando dieci differenti strumenti, hanno dato espressione a quel desiderio di perfezione e di assoluto che è presente nel cuore di ogni uomo. E hanno raccontato, con la melodia delle note, i più profondi sentimenti.

La malinconia nel pianoforte di Chopin; il desiderio di libertà nel violino di Paganini; l'attesa nel liuto di Hagen; il fragile incanto dei sogni e delle favole nel clarinetto di Dvorak; la domanda che si fa preghiera nel concerto per corno di Mozart; la nostalgia nella chitarra di Tàrrega; il grido del dolore nell'oboe di Bach; l'ansia di volare nel mandolino di Vivaldi; la pensierosa riflessione sul proprio limite nel violoncello di Martini; la gioia che fugge nell'organo di Händel.

Mentre ascolto, e per un momento dimentico le pareti trasparenti in cui sono rinchiuso, arrivano due signore addette alle pulizie. La prima, bionda e minuta, sembra fragile per questo lavoro. La seconda, grande e grossa, è contenuta a fatica nel camice bianco che la fascia, stretto sui fianchi e sul petto.

Introducono nella parte della stanza esterna al box gli strumenti necessari (catino, spazzolone, flaconi di alcool, garze, altri recipienti di plastica), ancora chiusi nelle buste trasparenti che ne assicurano la sterilità. Poi la più grande e robusta, capelli castani tagliati corti, si prepara a entrare nella mia area, indossando svelta il camice, la cuffia, i calzari, la mascherina e i guanti sterili. Con un passo è dentro e inizia il passamano con la collega.

«Buongiorno, mi chiamo Emilio e sono nuovo da queste parti», dico per rompere il ghiaccio.

«Io sono Rosita», risponde l'inserviente pienotta con voce gradevole.

«E io Monia, buongiorno», aggiunge la collega che, terminato il passamano, si è lasciata cadere sulla sedia grigia destinata ai visitatori, come se quel semplice lavoro l'avesse sfinita. Ansima e intanto si fa vento utilizzando una delle buste ormai vuote. E si lamenta.

«Non posso farcela. Non posso farcela».

«Già stanca?», chiedo.

« Sono in attesa».

«Che bella notizia. Una vita nuova in arrivo. Complimenti. Quando l'ha saputo?».

«Ieri, dopo aver visto i risultati del Predictor ed essere corsa dal ginecologo. È il secondo, sa, ma lo abbiamo cercato»

«Dunque è contenta?».

«Sì».

«E ha ragione. Ogni figlio è un dono del Signore. Quale esperienza è più bella della maternità?».

«Sì, sì. Ma sono solo al primo mese e già provo mal di testa, nausea e vomito. Non ce la posso fare», e riprende a farsi vento con la busta vuota, riversando all'indietro la testa dai lunghi capelli biondi raccolti sulla nuca.

Rosita, che soffia e sbuffa mentre con garza imbevuta nell'alcool pulisce la parete trasparente di fianco al mio letto, si china verso di me. Poi, sottovoce per non farsi sentire dalla collega, commenta: «Vedrà, tra qualche giorno presenterà un bel certificato medico. Per due anni non la vediamo più. Ha fatto così anche l'altra volta. E io qui a sgobbare».

Sorrido di questa piccola malignità, poi a voce alta, così da essere sentito anche al di fuori del box, chiedo: «E lei Rosita ha dei figli?».

«All'inizio, per alcuni anni, abbiamo deciso con mio marito di non averne. Volevamo divertirci. Ma adesso sì che lo desidero un figlio. Lo stiamo cercando, ma non arriva». Poi aggiunge: «Che bella musica, mi piace».

«È un brano di Paganini», spiego.

«Bravo a suonare questo Paganini. Roba da sballo».

«Veramente non è Paganini che suona. Lui è morto nella prima metà dell'Ottocento, ma i brani di musica che ha scritto vengono ancora oggi interpretati e incisi dai più famosi maestri di violino».

«Ho capito, è come Lucio Battisti. Lui non c'è più, ma le sue canzoni restano e si cantano».

«Come Lucio Battisti», confermo.

«Quanti figli ha lei invece?», chiede Rosita sbuffando, con la fronte bagnata di sudore.

Sto per rispondere, raccontando di Davide e Caterina, ma la pompa di infusione riprende a lanciare l'acuto segnale di allarme.

Beebip, beebip, beebip.

«Non stia a suonare il campanello, vado io a vedere se c'è un infermiere libero in corridoio», dice Monia smettendo di farsi vento. Esce, ma non torna. Toccherà a Rosita, dopo che Rocco, imprecando, ha zittito la scatola azzurra, completare il lavoro di pulizia, nella parte della stanza all'esterno del box, che la collega non ha svolto.

Di nuovo solo. Ad ascoltare la musica. Quel grido nell'oboe di Bach e il mandolino di Vivaldi che fugge in alto, sempre più in alto, lontano dall'orchestra, in un volo impossibile, per poi essere ripreso dagli altri strumenti. Anch'io vorrei fuggire, ma non posso fare altro che restare sul letto a guardare i piccoli tubi che mi legano ai flaconi di medicinali. E ho freddo.

L'alcool usato in abbondanza per pulire le pareti del box, il pavimento e ogni altra superficie sta evaporando e così la temperatura all'interno della camera sterile, già bassa per me, si è ulteriormente abbassata. Tremo e mi copro con il lenzuolo e la coperta di cotone. Ma il problema non si risolve. Così suono il campanello.

«Vito, ho freddo».

L'infermiere dagli occhi verdi, che nei rari momenti di pausa si rifugia sulle scale, fuori dal reparto, per fumare una sigaretta, risponde alla mia chiamata. Non indossa più la casacca e i pantaloni bianchi da lavoro, ma una felpa grigia e jeans attillati.

«Signor Emilio ho messo un panno per lei nel ripiano più basso del comodino. Per ora usi quello. Io e Rocco abbiamo finito il nostro turno e stiamo smontando, ma dirò alle colleghe del pomeriggio di chiamare il tecnico e di far alzare la temperatura dell'aria condizionata. Ci rivediamo alle ventuno. Con Rocco farò il turno di notte. Vuole che le accenda nuovamente il lettore CD?».

«Grazie, Vito».

E il pianoforte di Chopin riprende il primo brano dei dieci frammenti.

Il panno è in fondo al comodino. Mi alzo lentamente dal letto e poi mi chino con ogni precauzione, mentre i piccoli tubi di plastica, seguendo il catetere fissato al mio costato, scivolano sulla coperta. Li tengo sollevati con la mano sinistra perché non devono toccare terra. Il mio box è sterile, ma il pavimento non è considerato tale. Qualunque cosa cada o comunque tocchi terra deve essere subito sostituita. Con la mano sinistra sollevo i tubi e con la destra apro lo sportello del comodino e cerco di estrarre il panno. Un ruvido e pesante panno da ospedale che non vuole uscire dall'angusto spazio in cui è stato compresso.

Mi trovo in questa scomoda posizione quando la pompa di infusione riprende il suo acuto lamento. Anzi l'allarme questa volta viene da entrambe.

Beebip, beebip, beebip.

Beebip, beebip, beebip.

Una lancia il suo segnale senza ragione, ma l'altra avvisa che il flacone è ormai vuoto. Quando, conquistato il panno, risalgo con cautela sul letto riordinando i piccoli tubi, un'infermiera entra nella stanza per zittire le due scatole azzurre. Ha occhi scuri e lunghi capelli neri che escono a ciocche dalla cuffia verde in cui li tiene raccolti. Si chiama Federica. È giovane e dinamica e il suo modo di fare, preciso e professionale, rivela la recente preparazione, in un corso di tre anni, alla scuola per infermiere.

Mi informa che, con il flacone che sostituirà quello vuoto, inizierà il mio ciclo di chemioterapia. Ci saranno diverse applicazioni di ciclofosfamide in due giorni consecutivi. In questo periodo, per evitare problemi, la mia vescica dovrà avere un «lavaggio» abbondante e ininterrotto.

«I liquidi verranno introdotti, 24 ore su 24, tramite il catetere. Poi, per poterli espellere in continuazione, mi dispiace, sa, ma è necessario, verrà un urologo a inserirle un catetere urinario. Ho già chiamato anche il tecnico per innalzare la temperatura dell'aria condizionata, come mi ha detto Vito. Qui fa veramente un po' freddo».

L'urologo è un uomo alto e robusto. Visto dal letto dove sono sdraiato sembra imponente. Il camice verde, indossato per entrare nella mia area sterile, è stretto e corto per lui e le maniche non arrivano ai polsi. Federica ha faticato a trovare un paio di guanti adeguati alle sue mani.

«Sai quello che sto per farti, vero?», mi dice il medico con tono che non ammette repliche, mentre estrae dalla sua custodia un tubo azzurro, grosso come un dito mignolo.

Io, che prima d'ora non sono mai stato ricoverato in ospedale e non ho mai visto un catetere urinario, rispondo con uno sguardo di sconsolata preoccupazione.

Poi è un lungo grido di dolore quando il tubo azzurro, attraverso l'uretra, raggiunge la mia vescica.

«Passerà presto», si limita a commentare l'urologo mentre controlla il buon funzionamento del catetere e collega alla sua estremità esterna un sacchetto trasparente, da appendere al bordo del letto, per la raccolta delle urine che già iniziano a defluire. Poi, senza aggiungere altre parole e senza che io abbia la forza di salutarlo, esce dalla camera sterile.

Per un po' di tempo resto immobile per l'acuto dolore e per il fastidio procurato da quello strumento invasivo che ho già definito mentalmente come «un orribile sistema di tortura». Poi lentamente inizio a rivestirmi, ma, ora che i tubi collegati al mio corpo sono tre, ogni movimento è una complicata e penosa alchimia.

Federica cerca di incoraggiarmi, ma riceve da me solo risposte a monosillabi. Non ho voglia di parlare e provo una pesante sonnolenza. Utilizzando il comando elettrico dispongo il piano del letto in modo da poter riposare senza essere completamente sdraiato. Mi sembra in questo modo di avere qualche sollievo. Riverso la testa sul cuscino e vorrei dormire, ma quando il sonno sta per prendermi la pompa di infusione lancia di nuovo il suo stridulo allarme.

Beebip, beebip, beebip.

È in queste condizioni che mi trova Ileana quando, nel pomeriggio, ha il permesso di entrare per la prima visita.

Non può accedere al mio box, ma deve restare nella parte della stanza esterna al cubo sterile, indossando comunque camice verde, cuffia, calzari e mascherina. Quando l'infermiera che l'ha accompagnata e che ha zittito la pompa di infusione esce, Ileana si avvicina alla parete di plastica di fianco al mio letto, e mi chiede: «Come stai?». Poi, infila il suo braccio destro in uno dei guantoni di gomma e mi stringe una mano.

Io ricambio quel gesto di affetto. Vorrei rispondere in modo diverso, e invece le dico: «Sto male».

Le mostro i tubi cui sono collegato, le racconto del catetere urinario, del dolore e del fastidio che mi sta provocando, le spiego della pesante sonnolenza dovuta, secondo me, alla chemioterapia. Mi sfogo e provo per questo un po' di sollievo, ma la pompa ricomincia a suonare.

Beebip, beebip, beebip.

Quasi spaventata, Ileana estrae in fretta il braccio dal guantone e corre a sedersi sulla sedia grigia in attesa dell'infermiera. Cessato l'allarme vorrei spiegarle ancora molte cose, ma mi sento esausto. Gli occhi si chiudono da soli e la testa si riversa sul cuscino. Così la invito a raccontare come si è svolta la sua giornata e se ha telefonato a Davide, Caterina e ai nostri genitori. Poi le chiedo di pregare. Io la seguo mentalmente e, mentre il torpore mi stringe a tratti nel sonno, prego con le sue parole.

Fuori è già buio quando Ileana se ne va rassicurandomi che il giorno dopo tornerà a farmi visita nel pomeriggio.

«Coraggio. Domani il catetere urinario non ti provocherà più questo dolore». Uscendo dalla stanza, mi saluta con la mano.

Resto solo e di nuovo mi si chiudono gli occhi. Ma non riesco a dormire. L'odioso allarme mi fa sussultare.

Beebip, beebip, beebip.

Rocco, che da poco ha iniziato con Vito il turno di notte, risponde alla mia chiamata. Quando si accorge che la pompa di infusione ha lanciato per l'ennesima volta un segnale infondato non lesina gli insulti alla scatola azzurra.

«Questa carretta bisognerebbe buttarla giù dalla finestra. Ma adesso ci penso io. Vado qui vicino, al Centro trapianti di fegato, e spero mi prestino qualcosa di meglio».

Torna, dopo circa mezz'ora, trionfante.

«Per tre giorni a loro non serve», e mi mostra una pompa più piccola, di colore bianco.

«Questa è moderna e affidabile. Vedrai che non ci darà problemi. Nel frattempo faremo riparare la nostra. Siamo stati fortunati. Ho dovuto insistere, ma siamo stati fortunati. Era di turno un infermiere mio amico», spiega Rocco, e intanto sostituisce la scatola bianca a quella azzurra. Poi regola la velocità di infusione e controlla il display.

«I flaconi sono pieni, per alcune ore puoi riposare tranquillo».

«Ne ho bisogno».

Spengo la luce. In pochi secondi mi addormento. E sogno. Sogno di correre, correre, correre libero, con i piedi nell'acqua, lungo una candida spiaggia di cui non vedo la fine, sulla riva del mare. Ma i miei piedi sprofondano. Sempre più giù. Sempre più giù, nella sabbia, nel fango, sino a quando non riesco più a camminare. Mi sforzo, mi sforzo, ma resto immobile mentre intorno a me il mare è sparito, la spiaggia si è seccata, il cielo è diventato grigio e piatto come una lastra di alluminio. Intorno c'è solo terra.

Una terra arida, piena di crepe e di sale.

VIA CRUCIS

La macchina delle radiazioni inizia a ronzare. È lì, davanti a me.

Come uno squalo bianco mi fissa col suo occhio di ghiaccio. Tutti se ne sono andati. Nella grande stanza della radioterapia resto solo io, disteso di taglio sul braccio destro. Inizia il feroce bombardamento dei raggi che, come zanne invisibili, dovranno distruggere le cellule malate. Ma colpiranno anche quelle sane. Senza farmi troppo male. Sul mio corpo sono stati applicati, dalla testa ai piedi, dodici piccoli sensori collegati alla sala di regia per verificare che non vengano superate le dosi prescritte. Due schermi proteggeranno i polmoni.

È la mia prima TBI. Dopo cinque giorni di camera sterile e la conclusione della chemioterapia.

Quaranta minuti lo squalo mi terrà sotto mira. Io dovrò restare immobile, mentre il dolore al braccio destro crescerà, crescerà e l'attesa sembrerà interminabile. Tante volte abbiamo provato con Ileana, distesi di taglio sul pavimento. Adesso la sfida è reale, ma qui sono solo sul letto di ferro dal duro materassino. Quanto tempo per pensare, per pregare, per cercare di capire il senso della mia sofferenza, del male che lacera il desiderio di felicità di cui ogni uomo vive, come dell'ossigeno per respirare.

Quanto tempo, per percorrere la via crucis.

Erano di ghiaccio, come quelli dello squalo, anche gli occhi di Pilato, seduto sullo scranno da magistrato romano. Aveva capito che il Cristo portato al suo giudizio era innocente. Oh se lo aveva capito! Bastava guardarlo e ascoltarlo: «Il mio regno non è di questo mondo».

In pochi minuti il procuratore si era reso conto che in quel giusto non vi era alcuna colpa. Ma non era questo il problema. La questione, che suscitava in lui come un tremito, era un'altra. Quell'uomo, «ecce homo», era una presenza diversa da qualunque altra. Eppure di uomini, lungo la sua vita, ne aveva conosciuti: coraggiosi, pusillanimi, ricchi, miserabili.

Pilato aveva intuito, forse percepito misteriosamente, avvertito quasi fisicamente che, tra tanti scalmanati che assediavano il suo palazzo e urlavano «crocifiggilo», tra tanti infidi sapienti che cercavano di piegarlo per vie traverse al loro volere, tra tanti inutili consiglieri che gli suggerivano sempre troppo tardi quello che non avrebbe dovuto fare, tra tanti violenti militari che rispondevano ai suoi ordini, quell'uomo indifeso era l'unico che avrebbe potuto rispondere alla sua domanda: «Che cos'è la verità?». La verità sulla vita, sul dolore, sulla morte, sul desiderio di felicità dell'uomo. Per questo cercava in ogni modo di salvarlo. Anche perché aveva ricevuto uno strano avviso da parte di sua moglie, quella visionaria, che di solito però non si sbagliava: «Non avere nulla a che fare con quel giusto. Per causa sua, oggi ho fatto molti sogni».

Capiva, intuiva, ma non voleva lasciarsi coinvolgere sino in fondo da quell'incontro. Non poteva cedere all'emozione suscitata da quella presenza. Doveva difendere prima di tutto le sue ricchezze, la sua carriera costata tante rinunce e sacrifici, la posizione invidiabile finalmente raggiunta, la fama di procuratore duro e inflessibile con i nemici di Roma. E così, a modo suo, cercava di salvare quell'uomo giusto, ma senza compromettersi troppo.

«Facciamolo flagellare e quegli scalmanati si placheranno»; «Proponiamo, com'è consuetudine per la Pasqua, di liberare un prigioniero e offriamo in alternativa quel ladro e assassino di Barabba. Sceglieranno il Cristo», pensava. Poi, passato il momento di tensione, avrebbe richiamato, di notte, di nascosto, Gesù, che nessuno sapesse, lo avrebbe forse fatto venire nella sua residenza di Cesarea, per ascoltare da lui la risposta alla domanda: «Che cos'è la verità?».

E invece gli espedienti non bastavano e la folla, sobillata dagli anziani e dai sacerdoti, continuava a gridare: «Crocifiggilo, crocifiggilo», «Libera non lui, ma Barabba». Poi, quando i sapienti del Tempio, compresa la sua incertezza, minacciarono di denunciarlo ai potenti di Roma («Se liberi costui non sei amico di Cesare») Pilato, per salvare ricchezza, fama, potere, fu pronto ad abbandonare Cristo e consentì che fosse eseguita la sentenza di morte pronunciata dal Sinedrio. Condanna a morte, a una morte atroce, attraverso spasmi indicibili, contro un uomo che sapeva essere giusto e innocente. Di più, che aveva intuito essere la risposta alla domanda dell'uomo sulla verità.

Ma anche i suoi occhi di ghiaccio non potevano reggere a tanto. E così, con gesto plateale si lavava le mani: «Non sono responsabile del sangue di quest'uomo». Come dire, io non c'ero, quest'incontro non era per me, non l'ho vissuto, non era reale. Ecco l'ipocrisia, la menzogna più sottile che salva la forma, ma fa tacere la voce della coscienza, l'intuizione dello spirito.

Quanto male si può nascondere dietro l'ipocrisia e come si scagliava Gesù contro gli ipocriti! «Guardatevi dal lievito dei farisei, che è l'ipocrisia». È una menzogna sottile, è un fango invisibile, è una ferita che almeno in apparenza lascia tranquilli. È il male del nostro tempo. Così, di fronte alla verità che ci viene incontro, al Cristo che ci si propone nell'amore dei fratelli, preferiamo guardare altrove. Non era per me, non era reale, era roba per bambini, mancavano le prove, non c'erano riscontri scientifici, e se anche ci fossero stati... Meglio un'incertezza perenne, un dubbio eterno e inconcludente, una nebbia diffusa piena di anfratti in cui nascondersi e privilegiare il proprio tornaconto, la propria voglia, il piccolo piacere immediato, anche a costo di calpestare l'innocenza o il diritto altrui. Ma sempre in modo pulito, lavandosene le mani. Sino a quando quella domanda, «che cos'è la verità?», diventa dominante, inevitabile, esplode come l'unico centro degno di interesse.

Chissà quando, nella vita di Pilato, quella domanda ritornò prepotente, non più aggirabile. Forse alla fine, mentre l'orizzonte davanti a lui si chiudeva. «Che cos'è la verità?», avrà forse ripetuto allora Pilato, ma già l'ipocrisia del vivere si scontrava con il dover morire.

«Che cos'è la sofferenza?», sussurro. «O Signore, tu che sei Dio, ma per amore nostro hai accettato i colpi del flagello, aiutami a capire e a sopportare questo dolore che offro a te».

Nella grande stanza della radioterapia, profonda almeno dieci metri, alta almeno tre, c'è un silenzio irreale interrotto solo dal leggero ronzio dello squalo. Il peso del mio corpo sembra essersi ingigantito a dismisura, come se le ossa fossero state rivestite di piombo. E questo carico opprimente grava tutto sul braccio destro sino a bloccare la circolazione del sangue. Dalla spalla sino alla punta delle dita è tutto un doloroso formicolio. Per avere un po' di sollievo cerco di muovere la mano. Lo faccio lentamente, in maniera quasi impercettibile, perché so che il corpo deve restare immobile.

Com'era opprimente e umiliante il peso di quel legno. Il duro legno del patibolo. Il sangue gocciolava sulla fronte dalla corona di spine. Le laceranti ferite della flagellazione, sulla schiena, sui fianchi, sulle braccia, sul collo, bruciavano, come se ad ogni movimento fossero attraversate da lingue di fuoco. La folla premeva da ogni lato, sudata e curiosa, i soldati imprecavano, maledicendo quell'ingrato lavoro, e non perdevano occasione per colpire il Cristo.

Com'era opprimente il peso di quel legno. Non solo per il corpo ferito, per il sangue che colava, per gli urti della folla, per i colpi dei soldati, per la sete che bruciava in gola, per la polvere sulle labbra. È che sulla croce Cristo aveva caricato, per riscattarli, i peccati di noi tutti, l'ipocrisia, la meschinità, la violenza, il tradimento, la menzogna. Il male del mondo. Anche quell'ingiusta condanna che lo portava alla morte: «Padre, perdona loro». E passo dopo passo, nel cammino verso il Calvario, spalancava la possibilità, per ogni uomo, di una vita nuova, non più dominata e totalmente definita dall'angustia del limite terreno.

L'umiliazione della croce diventava la porta della vita, la risposta alla domanda di Pilato: «Che cos'è la verità?». Dio è amore. Amore che divide e che unisce, amore che libera e raccoglie, amore che giudica e perdona, amore che crea e trasfigura, amore che spera e sopporta, amore che nulla chiede. Amore così grande da farsi, nel Figlio, uomo tra gli uomini, per condividere la nostra povertà e portarla in alto, sulla croce, oltre la croce. Duro legno, dolce legno. Non più patibolo, ma porta aperta allora e per sempre nella storia del mondo.

«O Signore, fai che anche la mia sofferenza si trasformi in amore e questo Calvario cambi il mio cuore».

Per poter scendere qui, nella grande stanza sotterranea della radioterapia, sono stato momentaneamente liberato dai piccoli tubi che mi collegano costantemente ai flaconi dei medicinali. Poi, per uscire dal box, ho dovuto indossare calzari, camice, mascherina, occhiali e cuffia. Con il gomito ho allargato l'apertura tra due pareti di plastica e con un passo sono stato fuori.

Gli infermieri mi hanno fatto subito sdraiare su un letto mobile e mi hanno coperto, quasi fasciato, rimboccando bene ogni angolo sotto il materassino di gomma, con un lenzuolo e una leggerissima coperta termica dorata, come le lucide carte con cui si confezionano i pacchi dono a Natale. Da quell'involucro spuntava solo la mia testa. Una giovane inserviente ha spinto il letto mobile sino all'ascensore e poi per lunghi corridoi alla stanza della radioterapia. Durante questo piccolo viaggio ho chiuso gli occhi e ho sperato di poter vedere, come in sogno, il volto di Maria, simile a quello raffigurato nel quadro che ho portato nella mia stanza di ospedale. Ma quel sogno non si è avverato e davanti ai miei occhi scorreva solo una buia crosta.

Era là Maria, lungo una delle strade affollate che portavano al Calvario. Così, quando Cristo, saliti a fatica alcuni gradini, in un punto in cui la folla premeva, ha alzato lo sguardo, i suoi occhi si sono incrociati con quelli della madre. Gesù si è fermato per prolungare quel dialogo d'amore senza parole e senza tempo. Maria, se le pie donne non l'avessero trattenuta, si sarebbe gettata di slancio a baciare la fronte insanguinata, sfidando le spade e le lance dei soldati romani. Non potendolo abbracciare lo guardava e i suoi occhi raccontavano del dolore immenso di madre, come se la corona di spine avesse ferito cento volte la sua fronte, come se ogni colpo di flagello si fosse cento volte ripetuto sulla sua schiena di donna e il duro legno del patibolo, carico dei peccati del mondo, pesasse come un macigno anche sulle fragili spalle di lei, vergine senza peccato.

Che cosa pensava Maria di fronte al Figlio condotto alla morte, mentre l'amore e il dolore prorompevano dal profondo sino a toglierle il respiro? In un attimo avrà forse ricordato gli eventi che l'avevano condotta a quel punto. Dalla visita inaspettata dell'angelo. Quell'incontro da cui era stata turbata sino al tremore. «Non temere Maria». E lei si era fatta ubbidiente al volere di Dio: «Eccomi». Mettendo tutta se stessa a servizio del progetto di redenzione. Da allora Maria aveva custodito nel cuore e meditato ogni evento, ogni grande e piccolo evento legato alla storia della salvezza e ora in un attimo tutto le scorreva dinanzi.

Ma come si conciliava il «trono di Davide» e il regno senza fine di cui aveva parlato l'angelo con la maledizione del patibolo, con lo strazio delle spine e del flagello? E com'era possibile che il Figlio donato dallo Spirito per la gloria di Dio le fosse tolto in quel modo atroce?

La risposta forse le veniva da quel dialogo di occhi bagnati di lacrime e di sangue, da quello scambio di sguardi, carichi di infinito amore, che apriva in terra le porte del cielo.

Ricordava le parole: «Chi non prende la sua croce...». Aveva ascoltato il racconto del seme che, se non scende nel sepolcro della terra e non muore, non porta frutto. I discepoli le avevano riferito quella frase misteriosa: «Il Figlio dell'uomo non è venuto per essere servito ma per servire e dare la propria vita in riscatto per molti». Dunque, il cammino per la redenzione passava attraverso il sacrificio supremo.

E allora, sì, anche allora, in quel momento di strazio, mentre i soldati già strattonavano il Cristo perché riprendesse il cammino, Maria avrà forse ripetuto una parola del Magnificat.

«L'anima mia, lacerata da un dolore immenso, magnifica il Signore,
perché, nel Figlio che soffre, manifesta l'immensità del Suo amore,
immischiandosi con noi sino alla morte,
perché la morte non sia più signora della storia,
ma misteriosamente si affermi il Suo regno di vita.
Senza fine.
E io madre,
straziata nel pianto,
ripeto il mio eccomi.
E mi inchino col Figlio al volere del Padre».

«O Maria, tu che sei stata consumata dallo stesso fuoco di amore che ardeva in Gesù, accompagnami in questo cammino e fai che io possa uscire dalla nebbia di morte che mi avvolge».

Ho chiuso gli occhi, pensando a Maria premuta dalla folla sulla via del Calvario, e ora li riapro. Lo squalo bianco è sempre là, davanti a me. Le radiazioni invisibili penetrano nella mia pelle, nelle mie ossa, nel mio sangue, fendono le mie cellule, mi passano da parte a parte e poi si vanno a schiantare chissà dove. Forse nella parete di cemento che sta alle mie spalle. Invisibili, ma potenti, mano a mano che mi trafiggono mi tolgono le forze e resistere in questa dolorosa posizione diventa, ad ogni secondo che passa, più difficile. Temo di perdere l'equilibrio, mentre il dolore al braccio destro raggiunge il punto più acuto. Poi la sensibilità, dalla spalla sino alla punta delle dita, scompare, come se quella parte del corpo fosse stata tagliata. Ascolto il ronzio dello squalo e di nuovo chiudo gli occhi. Mi sembra di svenire.

Com'erano aguzzi i chiodi. I chiodi che senza pietà laceravano la pelle delle mani, lesionavano muscoli e tendini, procurando un atroce dolore. Com'erano violenti i colpi dei soldati, accaniti con i loro martelli. A ogni colpo un sussulto, uno spasimo. Ma Gesù era lì, e voleva restare, «obbediente sino alla morte e alla morte di croce».

Poi il patibolo fu sollevato e il Cristo fu fatto salire sulla croce, mentre tutto il corpo si tendeva in un'inesprimibile agonia. Era l'agonia di Dio che moriva.

Faccio fatica anche solo a elaborare dentro di me queste parole per il profondo mistero, per l'altissima insondabile verità che contengono: «L'agonia di Dio che muore per salvarci».

C'erano due malfattori, condannati anche loro all'infame pena. Li avevano sollevati uno alla destra e uno alla sinistra del Cristo. I loro volti portavano i segni di un'esistenza sregolata. Nei loro sguardi feroci il ricordo delle violenze, dei furti, degli omicidi di cui tante volte si erano vantati con gli amici e per cui erano stati incarcerati. Tutto avevano vissuto, tutto avevano sperimentato. Le notti in fuga, il terrore negli occhi delle vittime, il sangue, le ferite, l'amore mercenario, l'improvvisa e breve ricchezza, il gioco d'azzardo, le catene. Per questo uno dei due guardava il Cristo con disprezzo. Che cosa ci faceva lì in mezzo a loro quel giusto, uno che accarezzava i bambini, che sfamava gratuitamente le folle, che si commuoveva sino alle lacrime per un amico defunto, che diceva beati gli afflitti e i miti di cuore. E poi, se era Figlio di Dio, perché non usava il suo potere per schiacciare i soldati romani e spezzare quei legni, così che anche loro potessero fuggire? E invece no, quello se ne stava lì senza ribellarsi, come una pecora condotta al macello.

L'altro malfattore, invece, ripensava alla sua breve esistenza. Dopo ogni impresa, dopo ogni violenza, sentiva crescere la rabbia, la ribellione, l'insoddisfazione. Non aveva mai amato e da nessuno era stato amato, se non per una notte. Solo adesso, adesso che tutto finiva, sentiva prorompente una nostalgia. La nostalgia di una vita diversa da quella che aveva vissuto. Ma come cambiare, ormai legato al legno della croce? Forse la risposta al bisogno di amore, diventato in lui rabbia e ferocia, era in quell'uomo innocente, condannato senza ragione e appeso al suo fianco. Forse la risposta era nel regno di perdono che il Figlio di Dio aveva annunciato. E allora ecco quella frase che squarciava il suo buio passato e lo esponeva per la prima volta a un altro uomo armato solo di una domanda.

«Gesù, ricordati di me quando entrerai nel tuo regno».

Sorprendente fu la risposta di Cristo: «In verità ti dico, oggi sarai con me nel paradiso». Quel malfattore, con la sua storia di violenza, di ferocia, di menzogne, che però aveva aperto il cuore alla verità di una domanda. Quell'uomo sarebbe andato in paradiso.

Ecco la rivoluzione della croce. Per quanto sia scuro il nostro passato, per quanto sia profonda l'ombra del nostro peccato, in ogni momento, ad ogni ora, dopo ogni caduta, il Cristo è pronto a tenderci la sua mano, come a Pietro che sprofondava nelle acque. Se solo decidiamo di abbracciare la sua croce, se solo apriamo a lui il nostro cuore nella domanda, se solo riconosciamo la sua presenza, pronti a seguirlo. Non è la nostra perfezione a salvarci. E d'altra parte dove sarebbe questa perfezione, se è così evidente il peso del nostro limite?

«O Signore, donami la tua misericordia».

Non ho più forze. Mi reggo in equilibrio sul braccio destro a fatica. Sono sfinito dopo il lungo bombardamento di radiazioni. Non riuscirei a resistere ancora a lungo, ma per fortuna lo squalo cessa di ronzare. Per un poco nella grande stanza della radioterapia il silenzio è totale. Poi dalla sala di regia, attraverso l'altoparlante, mi comunicano che posso muovermi. Mi lascio cadere sulla schiena e resto immobile per alcuni minuti fissando il soffitto. Poi lentamente cerco di stringere il pugno, di girare la mano destra. Mentre il sangue torna a scorrere, avverto in modo più acuto il doloroso formicolio dalla spalla sino alla punta delle dita.

«Tutto bene?», mi chiede una voce dall'altoparlante.

In risposta muovo un poco la testa. Sì, ce l'ho fatta, ho resistito sino alla fine.

Sul Calvario era il momento della pietà. Il corpo del Figlio, trafitto dai chiodi, ferito nel costato, umiliato dal sangue, ormai rappreso, era stato deposto dalla croce e riconsegnato alla madre. Maria lo abbracciava nelle lacrime, con tenero amore, lo stringeva, quasi a voler addolcire il gelo della morte con il suo calore. Poi la dura pietra avrebbe chiuso la tomba scavata nella roccia.

Ma non era quella la parola fine.

Quando, all'alba del primo giorno dopo il sabato, Giovanni, il discepolo che Gesù amava, giunse, ansimante per la corsa, al sepolcro, insieme a Pietro, vide, come aveva detto loro Maria di Magdala, la pietra rotolata, l'interno vuoto, le bende a terra.

«Vide e credette».

Era la resurrezione. Un ribaltamento totale di prospettiva. Il trionfo della speranza che non delude. La vittoria definitiva della verità sulla menzogna, del bene sul male, della misericordia sul peccato. Alla destra del Padre, al fianco di ognuno di noi, nella sua Chiesa, ogni giorno presente nella storia, come la croce piantata sul Golgota.

«O Signore, che hai strappato alla morte il suo pungiglione, ricolmami della tua gioia, perché io possa portarla ai fratelli».

Tornano medici e infermieri. La grande sala della radioterapia risuona delle loro voci. Lo squalo è ancora lì davanti a me, ma ha finito il suo lavoro.

«Complimenti. Non è facile trovare un paziente che resista tanto tempo immobile come ha fatto lei», mi dice un medico col camice bianco, la mascherina e piccoli occhiali rotondi.

«Nel silenzio ho meditato», rispondo con un filo di voce e intanto continuo a muovere la mano destra, aprendo e chiudendo il pugno, per favorire la ripresa della circolazione del sangue.

La giovane inserviente che mi ha accompagnato alla radioterapia accosta il lettino con le ruote a quello in cui mi trovo.

«Come va? Se la sente di muoversi? Lo faccia lentamente, senza sforzi».

Sposto le gambe, un braccio e parte del fianco, infine, tenendomi al bordo di ferro con una mano, scivolo sul lettino mobile. L'inserviente mi infila i calzari sterili, mi aiuta ad indossare il camice, la cuffia, gli occhiali e la mascherina. Da ultimo mi avvolge con il lenzuolo e la coperta termica colore dell'oro. Sono pronto per tornare nel box sterile. La prima TBI è finita.

NATO DUE VOLTE

Quanti chilometri avrà percorso il mio nuovo midollo? Quanti dei mille che separano Berlino da Milano? E dove sarà in questo momento? Ancora in volo, in un piccolo zaino scuro o in una borsa termica, appoggiato, come bagaglio a mano, sul seggiolino di fianco alla dottoressa italiana, Laura, che è andata per me a ritirarlo? E l'aereo sarà in orario? Quando atterrerà all'aeroporto di Malpensa?

Oggi, venerdì 5 maggio, è il giorno del trapianto. Un giorno di speranza e di attesa. La chemioterapia è finita. La radioterapia è finita. Il bombardamento dei farmaci e delle radiazioni ha distrutto le mie cellule malate, ha azzerato le mie difese immunitarie, ha piegato le mie forze, ha alterato i valori del mio sangue. Ormai sono più fragile di un neonato. Posso sopravvivere solo perché resto isolato da ogni contagio esterno, nel box sterile. A volte mi guardo attorno con preoccupazione e temo che l'aria, al di fuori delle pareti trasparenti, sia popolata da nemici invisibili, pronti a penetrare nel mio fortino alla prima svista, al primo errore. Non potrei resistere a lungo se non arrivasse il prezioso dono dalla Germania. Ma dove sarà in questo momento?

La mattinata è trascorsa lenta. Dopo il risveglio, la doccia. La faccio ogni giorno per evitare che la pelle si contamini. Nudo, con i piedi dentro una bacinella, davanti al piccolo lavandino in acciaio, mi insapono dalla testa ai piedi con il disinfettante. Poi verso sul corpo l'acqua calda preparata in due recipienti di plastica dall'infermiere che mi assiste. Infine mi asciugo con un lenzuolo e indosso biancheria intima e pigiama puliti, appena estratti dalle buste che ne assicurano la sterilità. Mentre mi lavo l'aria che scende dalla grande griglia del soffitto provoca in me brividi di freddo, ma alla fine, asciutto e rivestito, avverto una piacevole sensazione di pulito e di libertà. Durante la doccia, infatti, vengo momentaneamente slegato dai tubetti che mi collegano ai flaconi dei medicinali. Ma la libertà dura poco. Giusto il tempo di sostituire i tubetti usati con altri nuovi.

Dopo la doccia sono arrivate le inservienti per le pulizie. Il rito della vestizione e il passaggio del materiale necessario, dall'esterno all'interno del box, sono durati più a lungo del solito. Rosita era accompagnata da una nuova collega assegnata al Centro trapianti in sostituzione di Monia che, presentato il certificato medico, è rimasta a casa per i problemi dovuti alla sua nuova gravidanza. Così l'inserviente più esperta ha dovuto spiegare all'altra, passo dopo passo, il lavoro da svolgere, le avvertenze e le mille precauzioni da avere per evitare che il turno di pulizia possa trasformarsi in fonte di inquinamento.

Infine è passato il medico di turno per la visita di controllo. Non ci sono problemi. Tutto è pronto per il trapianto. Manca solo la cosa più importante: il nuovo midollo che deve arrivare dalla Germania. Non posso fare altro che aspettare.

Me ne sto sdraiato sul letto. Le forze rimaste sono poche, pochissime, meglio risparmiarle per il grande evento. Appoggio la testa sul cuscino e guardo le bollicine d'aria che, in modo regolare, salgono nei flaconi dei medicinali, mentre i liquidi, controllati dalle pompe di infusione, scendono goccia dopo goccia nei tubetti trasparenti fino al mio catetere. Guardo e penso: dove sarà il nuovo midollo? Ogni bollicina un passo; ogni bollicina cento metri in taxi; ogni bollicina mille giri di turbina dell'aereo. Ma i chilometri da percorrere sono tanti, così come i possibili intralci o i contrattempi. Aspetto, aspetto e ogni ora che passa cresce la mia preoccupazione.

Come sarà stata la mattinata del mio donatore? Sveglia all'alba per recarsi di buon'ora al Centro trapianti di Berlino. Per me ha rinunciato a una giornata di lavoro, forse a un guadagno sicuro, eppure non mi ha mai visto, nemmeno conosce il mio nome. Sarà stato emozionato? Avrà avuto paura? Un poco, mentre l'anestesia totale lo faceva scivolare nel sonno togliendogli ogni sensibilità. Poi un'équipe di medici, con paziente lavoro, ha prelevato dalle sue anche circa un litro e mezzo di sangue midollare. Un'aspirazione dopo l'altra, come le bollicine, un poco alla volta per non creare problemi. In una settimana il sangue prelevato si riformerà nel suo corpo, ma intanto dovrà restare ricoverato per 24 ore. Forse in questo momento si sta risvegliando dalla fastidiosa anestesia e il dolore, sul punto di prelievo, inizia a farsi sentire. Domani è sabato e per me ha rinunciato a un fine settimana di vacanza, affrontando un sacrificio personale.

Ho scritto per lui una lettera, l'ho fatta tradurre in tedesco e l'ho inviata tramite il Registro internazionale dei donatori. Una procedura complessa, ma necessaria, mi hanno detto, per assicurare il mio e il suo anonimato.

«*Caro amico, non conosco il tuo nome, né il tuo volto, né il mestiere che fai. Non so dove abiti, né come sia la tua casa, ma di te ho capito una cosa importante. So che hai un cuore grande e generoso. Così generoso da accettare un sacrificio personale per aiutare gratuitamente chi si trova in difficoltà.*

È questa la qualità più bella che una persona possa avere, perché avvicina all'amore di Dio. Non c'è infatti amore più grande di chi dona la vita per gli amici e tu doni una parte di te per salvare una vita.

Mi sono trovato nel pericolo di una grave leucemia e l'unica strada di salvezza è rappresentata per me dal trapianto di midollo. Una strada che diventa possibile grazie alla tua generosità. Non ci sono parole adeguate per esprimerti tutta la mia gratitudine. Insieme a me ti ringraziano mia moglie, i miei figli, mio padre, mia madre e tutti i miei amici che si stringono intorno a te in un grande abbraccio.

Ricordati che, ovunque sarai sulle strade del mondo, io pregherò ogni giorno per te, perché il Signore ti ricompensi della tua grande generosità, donandoti la vera gioia».

Caro amico, come ti senti ora? Forse ti stai alzando dal letto, un po' indolenzito. Io sono qui ad aspettare il tuo aiuto, il tuo dono prezioso, unico e indispensabile per sostituire nel mio corpo le cellule distrutte e ridare contenuto al mio sangue. Coraggio, il tuo sacrificio vale una vita. Su di te ho potuto raccogliere solo pochissime informazioni. Nel registro internazionale il tuo codice è BBU 1234030652. So che sei nato in giugno, il mio stesso mese. Abbiamo circa la stessa età e la nostra tipizzazione genomica, quella che io definisco la carta d'identità genetica, è quasi identica. Per questo, tra milioni di donatori presenti nel Registro internazionale, proprio tu sei stato scelto per venire in mio soccorso. Nella lunga teoria dei codici ci sono solo tre differenze che i medici considerano non rilevanti: C 05 io, C 02 16 tu; DR beta3 0202 io; DR beta3 0201 tu; DP beta1 0401 0501 io; DP beta1 0401 1001 tu. Tutto il resto coincide in una misteriosa identità che ci ha unito, come fossimo fratelli, senza esserci mai incontrati. Ti potrò conoscere un giorno? Lo spero.

C'è un solo problema. Il mio gruppo sanguigno, 0 positivo, è diverso dal tuo. Ma non è un ostacolo insormontabile. A trapianto avvenuto io cambierò e diventerò come te: A positivo. Intanto per evitare che al momento del trapianto ci siano reazioni di incompatibilità tutto il mio plasma è stato «lavato», eliminando quei fattori che potrebbero scatenare la guerra tra i due differenti gruppi. Due ore sono rimasto collegato a una macchina, portata per me al Centro trapianti. Il sangue era prelevato dal braccio destro, entrava nella «lavatrice», veniva ripulito dei fattori di incompatibilità, e infine immesso nuovamente nel mio corpo attraverso il braccio sinistro. Ho cercato di saperne di più, ma ad assistermi c'era un medico burbero e di poche parole. Così ho capito solo che la macchina è in grado in ogni momento di calcolare quale quota del sangue è stata «lavata», quale percentuale rimane da «lavare» e quanto tempo servirà per completare l'operazione. Due ore in tutto, mentre io me ne stavo immobile, con un ago infilato nel braccio destro e uno in quello sinistro, e assistevo a questa strana giostra, a questo primo viaggio fuori casa del mio sangue.

Le bollicine salgono con cadenza regolare e la porta della mia stanza si apre. Si affaccia il medico di turno, fronte stempiata, occhiali, barba folta. Porta le prime notizie dalla Germania.

«Ha telefonato la dottoressa Laura».

Un tuffo al cuore.

«Ci sono forti ritardi nelle partenze. È ancora ferma all'aeroporto di Berlino».

Un doppio tuffo al cuore.

Stringo le labbra e rispondo: «Grazie di avermi informato».

«Non si preoccupi, però, il prelievo è andato bene. Se l'aereo è in ritardo, anche noi ritarderemo di qualche ora il trapianto».

La porta si richiude. Il nuovo midollo è fermo a Berlino. Lontano mille chilometri. E io non posso fare altro che aspettare quello zainetto scuro, quella borsa termica, quella sacca di sangue che per me significa la salvezza dal terribile Filadelfia.

Aspetto, non solo il midollo. La dottoressa Paola ha seguito sin dall'inizio il decorso della mia malattia, ha individuato il donatore giusto, ha organizzato il trapianto. Si è dimostrata in ogni occasione competente, capace, sicura di sé.

Di lei mi fido pienamente. Due giorni fa, però, si è dovuta assentare per partecipare al congresso nazionale dei Centri che in Italia curano la leucemia e praticano trapianti di midollo. Un incontro importante in cui si discutono i risultati ottenuti, si definiscono gli standard e le procedure comuni. A Firenze.

Quando l'ho saputo, ho dichiarato a voce alta: «Se non è presente la dottoressa Paola, io non accetto il trapianto».

Lei ha risposto che, appena finiti i lavori del congresso, sarebbe corsa alla stazione per salire sul primo treno in partenza per Milano. Niente fine settimana a Firenze. «Arriverò in tempo».

Ma dove sarà ora? Quanti dei trecento chilometri che la separano da me avrà percorso? E i treni italiani batteranno in puntualità gli aerei tedeschi? Ne dubito, ma ci spero.

È stata la dottoressa Paola a far nascere, dodici anni fa, il Centro trapianti in cui sono curato. È andata a specializzarsi negli ospedali più avanzati, a Parigi e negli Stati Uniti. È tornata con una promessa: «Ai pazienti italiani non deve mancare nulla di quello che potrebbero trovare nei migliori Centri del mondo».

Quante battaglie per realizzare quella promessa in una struttura ospedaliera vecchia, cadente e in tanti aspetti sonnolenta. Così si è guadagnata la fama di «cattiva», perché se un obiettivo è giusto lei è pronta a combattere fino in fondo, senza cedimenti, senza compromessi, dicendo semplicemente le cose come stanno. Come quando ha chiesto che in ogni camera sterile ci fosse il telefono ed ha avuto una sconcertante risposta: «In questo ospedale nessun reparto ha il telefono in camera, dunque non lo avrà nemmeno il suo Centro».

È corsa dal responsabile: «Provi a immaginare suo figlio ricoverato per un mese in camera sterile. Sua moglie è l'unica che può andarlo a trovare. Per un intero mese il padre non può sentire la voce del figlio e il figlio non può avere il conforto delle parole del padre, solo perché qualcuno ha pensato che il telefono in camera non deve esserci. Mentre i lavori di ristrutturazione dei locali sono in corso la spesa per realizzare l'impianto è minima».

Il telefono è arrivato.

Ogni struttura una battaglia. Lei vuole il massimo della qualità nel servizio al malato. È una «cattiva», insomma. Anche nelle cose più piccole, come le mollette, inossidabili e indeformabili, realizzate in metallo speciale, indispensabili per tenere fissato il catetere alla canottiera del malato. Evitano il rischio di pericolosi strappi al punto di innesto nel costato. Troppo costose secondo l'amministrazione dell'ospedale. Eppure sono state comprate.

Aspetto il nuovo midollo. Aspetto la dottoressa Paola. Aspetto Ileana che arriva nel primo pomeriggio. Appena siamo soli lei si avvicina alla parete di plastica di fianco al mio letto, poi infila un braccio nel guantone di gomma e mi stringe una mano.

«Come stai?».

«Debole, emozionato, preoccupato per il ritardo».

«Anch'io sono emozionata».

«Ti hanno detto che il midollo non è ancora partito da Berlino?».

«Sì. Ne ho parlato con il medico. Non devi preoccuparti, però. La dottoressa Laura è brava ed esperta. E poi, che in certe giornate anche gli aerei viaggino in ritardo non è certo una sorpresa».

«Nemmeno la dottoressa Paola è ancora arrivata».

«Ha promesso che sarebbe stata presente al momento del trapianto, ed è una che mantiene la parola».

«Intanto ci sei tu, ed è un grande conforto. Grazie, ti stavo aspettando».

Ileana mi stringe più forte la mano, poi aggiunge: «Adesso preghiamo. Affidiamoci all'amore della Madonna. Anche i nostri amici pregheranno per te, per noi».

Ileana si siede avvolta nel camice verde e inizia a recitare il rosario: «Ave Maria…».

Io rispondo con un filo di voce, gettando ogni tanto uno sguardo all'orologio.

Per una volta i treni italiani battono in puntualità gli aerei tedeschi. Così la dottoressa Paola arriva in reparto prima del midollo. Vito, che è di turno e sa della mia preoccupazione, viene a informarmi.

«È già di là nel suo studio al telefono. Si è messa in contatto anche con l'autista dell'ospedale che sta aspettando a Malpensa la dottoressa Laura. L'aereo atterrerà tra 15 minuti. Poi torneranno a Milano a sirene spiegate, per forare il traffico che a quest'ora del venerdì è come un muro impenetrabile. Coraggio. Ormai ci siamo. È stanco, signor Emilio?».

«È da questa mattina che aspetto», rispondo, mentre penso al mio nuovo midollo che entra a Milano sulla macchina con il lampeggiante acceso e la sirena che suona.

«Non manca molto, ne sono sicuro. Il segnale che stiamo per iniziare è quando tornerò per indossare il camice ed entrare da lei».

«Sono contento che sia tu ad assistermi. La tua presenza mi dà fiducia».

«Potrò rimanere in stanza durante il trapianto?», chiede Ileana.

«A condizione che se ne stia buona e ferma sulla sedia dei visitatori, senza fare troppo baccano». L'infermiere ride e si allontana, c'è già un campanello che suona in corridoio.

Ormai ci siamo. Ma prima che Vito torni passa ancora un'ora e mezzo. Poi è il segnale. L'infermiere entra e inizia a indossare camice, calzari, mascherina e cuffia sterili. Seguo la vestizione in silenzio, mentre il cuore batte più forte. Con un gomito l'infermiere allarga l'apertura tra due pareti trasparenti e con un passo è dentro. Nello stesso istante la porta della stanza si spalanca e arrivano le due dottoresse.

Paola entra per prima. Esultante. Regge tra le mani, quasi fosse il trofeo di una gara vittoriosa, la sacca di plastica trasparente con il sangue midollare di colore rosso scuro.

«Allora, come andiamo?», mi chiede e, senza lasciarmi il tempo per rispondere, continua: «In Germania hanno lavorato bene. Il sangue è già filtrato, pronto per l'infusione. È un sangue midollare bello, ricco di cellule», e muove la sacca da una mano all'altra quasi a volerne rimescolare il contenuto.

«Allora, come stai? Ti senti pronto?».

«Sto meglio, molto meglio, ora che ti vedo. Grazie per essere tornata», rispondo, mentre il cuore mi batte sempre più forte, fino a pulsarmi in gola.

La dottoressa Laura si ferma sulla soglia della porta rimasta spalancata.

«Volevo salutarla anch'io», e mi sorride. Un sorriso dolce in un volto che porta i segni della stanchezza, ma che ora è luminoso. «Purtroppo tutti i voli oggi erano in ritardo».

«Grazie, grazie infinite», rispondo.

Ileana, dimenticando le raccomandazioni di Vito, si alza dalla sedia dei visitatori le va incontro, le stringe la mano, la ringrazia a sua volta e io, dall'interno del box, le mando baci con la mano, come un bambino.

«È solo il mio lavoro. Adesso il midollo è in buone mani. Io posso andare», e Laura, dopo averci nuovamente salutato, si allontana chiudendo la porta.

Paola, intanto, ha rinforzato, con il cerotto di seta, l'anello di plastica della sacca che servirà per appendere l'involucro all'alto supporto durante l'infusione.

«Non dobbiamo correre il rischio che l'anello si rompa e la sacca cada a terra», mi spiega. Io mentalmente la ringrazio per quella precauzione. Quel sangue rosso scuro vale oro. Più dell'oro. Vale la mia vita.

Vito dispone con ordine scrupoloso tutto l'occorrente per l'infusione sul tavolino mobile e intanto commenta: «Quando preleviamo il midollo di un donatore per inviarlo all'estero noi lo mettiamo in tre o quattro sacche di dimensioni inferiori. Così se una si rompe, restano le altre. I tedeschi, invece, hanno preferito fare un'unica sacca».

Un'unica sacca, che ora se ne sta appesa al supporto di fianco al mio letto, al di fuori della parete trasparente. Un'unica sacca, un'unica speranza di guarigione. È lì, finalmente, e io non la perdo di vista.

Vito mi libera da uno dei tubetti, quello fissato al punto di ingresso di colore rosso. Poi prepara un nuovo tubetto con la prolunga, lo passa alla dottoressa Paola attraverso il foro sulla parete trasparente e copre il mio costato, al di sotto del catetere, con un telo sterile di colore verde. Paola collega il tubetto alla sacca, senza farlo passare attraverso la pompa di infusione, che in questo caso non deve essere usata, e preme un poco l'involucro così che il sangue midollare inizia a scendere lentamente verso di me.

Sono gli ultimi centimetri dopo un viaggio durato mille chilometri.

L'aria esce dal tubetto e il sangue rosso scuro arriva sino all'estremità opposta, ancora in mano a Vito che subito dice: «ferma». Paola blocca momentaneamente l'afflusso del sangue stringendo una valvola. L'infermiere collega il tubetto al punto d'ingresso del mio catetere e la dottoressa riapre la valvola in modo che il sangue riprenda a scendere lentamente. Una goccia alla volta.

È il momento tanto atteso. Il midollo di un altro uomo sta entrando nel mio corpo per darmi una nuova speranza di vita. Il cuore accelera i battiti e l'emozione cresce sino a farmi tremare come se avessi la febbre. Mi alzo a sedere sul letto.

«Vito, ho il vomito», e indico il contenitore di plastica, sempre pronto in camera sterile per simili esigenze.

L'infermiere me lo allunga e io ci chino sopra la testa, sputando e tossendo, mentre gli occhi lacrimano e il respiro si fa affannoso.

«Che cosa succede?», chiede la dottoressa Paola.

«È solo l'emozione, non sta vomitando. Coraggio, signor Emilio, cerchi di fare dei respiri profondi e di rilassarsi. Va tutto bene».

Sì, è solo emozione, un'emozione prorompente che in qualche modo deve trovare uno sfogo. Piango, sputo, tossisco e cerco di respirare profondamente come mi ha detto l'infermiere. E lentamente mi calmo. Alla fine con gli occhi lucidi, un poco vergognandomi per questa reazione incontrollata, sorrido. Sorrido a Vito, sorrido a Ileana, che preoccupata si è alzata in piedi di fianco alla sedia dei visitatori, sorrido a Paola che mi dice: «Appena te la senti, sdraiati di nuovo, magari sollevando un poco la testata del letto».

Mi asciugo la bocca e il naso con un fazzoletto sterile e mi distendo sul letto mentre Vito torna a disporre con cura il telo verde sul mio costato.

«Durante tutto il trapianto il catetere e il punto di raccordo con il tubetto devono essere sempre ben in vista. Ma stia tranquillo, va tutto bene».

Il midollo del donatore entra nel mio corpo.

«All'inizio farò scendere il sangue lentamente», dice la dottoressa Paola muovendo un poco la sacca e controllando che il flusso sia regolare. «Io starò qua con te per controllare che non ci siano reazioni allergiche. Poi aumenterò un poco la velocità. Ci vorranno quattro ore per completare l'infusione. Credo di non sbagliarmi».

Vito intanto si prepara ad uscire dal box: «Sono le venti. A mezzanotte avremo finito».

Lentamente, una goccia alla volta, il sangue scende sotto gli occhi attenti della dottoressa. Ogni goccia un poco di vita, ogni goccia un poco di generosità di chi mi ha fatto quel dono, ogni goccia un poco dell'amore di chi mi ha assistito, ogni goccia una preghiera di chi si è ricordato di me, ogni goccia un volto. Che emozione indescrivibile! Un sentimento così forte e intenso l'ho provato solo al momento della nascita dei miei figli. Ma in fondo anche questa è una nuova nascita. La mia seconda nascita. E il tubetto, che mi collega alla sacca del midollo, è il cordone ombelicale, che mi sta ricreando nell'utero sterile.

Respiro lentamente con gli occhi socchiusi. Vedo appena quello che succede nella stanza e immagino che quel sangue rosso scuro abbia un suono, una voce, come un soffio che passa sopra il letto in cui sono sdraiato. Il soffio del Signore che crea: «Ero debole e mi hai soccorso, sfinito e mi hai aiutato, morente e mi hai ridato la vita».

Quel sangue risuona dentro di me come lo scalpello sulla pietra e, goccia dopo goccia, colpo dopo colpo, incide nella mia carne il fatto che tutto ci è donato e di tutto, in Cristo Gesù, dobbiamo rendere grazie a Dio.

PARTE SECONDA

SENZA FORZE

Quanto l'ho desiderato. Eppure, adesso che è giunto il momento, uscire dalla camera sterile mi mette paura. Ci penso da ieri, quando la dottoressa Paola, al termine della visita, con evidente soddisfazione mi ha dato la grande notizia.

«Va tutto bene. Domani torni a casa».

Per lei è un nuovo successo, un altro trapianto da donatore non consanguineo andato a buon fine, un paziente che esce dall'ospedale in tempi quasi da record. Sono rimasto isolato nel box sterile per 32 giorni e gli infermieri mi hanno detto che, in casi analoghi al mio, la degenza dura di solito più a lungo.

Non ho avuto complicazioni, tranne una puntata febbrile sopra i 38 gradi, subito risolta con alcune flebo di antibiotici. Per il resto niente infezioni, né batteriche, né virali, né fungine. Anche la terribile mucosite, che a volte si manifesta nei trapiantati, lacerando la pelle della lingua e della bocca, provocando dolori insopportabili, mi ha colpito solo in modo marginale. Il mio fisico ha retto alla grande tempesta.

Anche per me uscire dall'ospedale è un successo. Una grazia. La prima grande battaglia contro Filadelfia è stata vinta. Ero arrivato al Centro trapianti portando sulle spalle la mia condanna. Ero entrato nel braccio della morte. Speravo nella possibilità di un trapianto di midollo dalla sorella, poi rivelatosi impossibile. Non sapevo se avrei trovato un altro donatore. E ora le porte della mia prigione trasparente si aprono verso la libertà, mentre la vita, lentamente, si sta rigenerando.

Quanto ho desiderato uscire dalla camera sterile. A volte ho creduto di non farcela, come quella notte.

Dopo l'infusione mi ero illuso che il midollo arrivato dalla Germania iniziasse subito a operare dentro di me, producendo nuovi globuli e nuove energie. Invece dovevano passare due settimane prima di intravedere segnali di attecchimento. Intanto ogni giorno che passava le mie forze, anziché aumentare, diminuivano e il mio corpo era squassato dagli effetti negativi della chemioterapia e della radioterapia che ancora si facevano sentire.

Prima di essere ricoverato in camera sterile, seguendo le indicazioni avute al Centro trapianti, avevo rasato quasi a zero la barba e i capelli. Quanto avevamo riso con Ileana nel nostro piccolo appartamento milanese. Compivo quella operazione un poco alla volta, utilizzando due rasoi elettrici. A ogni tappa mi presentavo da lei in una nuova versione. Prima senza barba, ma con due baffoni alla messicana. Poi con piccoli baffi alla Charlot. Poi senza baffi. Era seguita la versione più singolare, con un'unica striscia di capelli, come un indiano metropolitano. Infine completamente rasato.

«Ti preferisco come eri all'inizio, completo di barba, baffi e capelli, come ti ho conosciuto», era stata la conclusione di Ileana, ma intanto il gran ridere sulle possibili diverse versioni del mio volto aveva un poco allentato la preoccupazione per l'imminente ricovero.

In camera sterile ero entrato con barba e capelli lunghi non più di un millimetro. Nei giorni successivi anche quella leggera peluria, per effetto della radioterapia, era caduta, così come le ciglia e le sopracciglia. Il mio viso era diventato completamente liscio e spoglio, come un albero in pieno inverno, e io non osavo nemmeno guardarmi nel piccolo specchio che tenevo chiuso in fondo al cassetto del comodino. Chi era quello sconosciuto ridotto a un involucro senza ornamento?

La pelle del corpo, intanto, si era arrossata e poi squamata e seccata, come succede dopo una scottatura per eccessiva esposizione al sole. Le radiazioni avevano colpito non solo fuori, ma anche dentro di me, distruggendo la mucosa intestinale. Se in quei giorni avessi ingerito un qualunque cibo solido, avrei provocato una violenta diarrea. E le mie forze diminuivano.

Una notte, la quinta dopo il trapianto, mi sono svegliato da un breve sonno e ho avvertito un impellente bisogno di urinare. Non bevevo, se non qualche sorso di acqua sterile dal sapore amaro, ma nel mio corpo, attraverso i tubetti e il catetere, entravano in continuazione i liquidi delle terapie e dell'alimentazione parenterale. Così a intervalli regolari, circa ogni due ore, dovevo alzarmi e recarmi alla «comoda», facendo sempre attenzione che i tubetti non toccassero terra. Poi mi avvicinavo al lavandino per lavarmi e disinfettarmi.

Quella notte avevo acceso la lampada personale, fissata alla testata del letto e il bianco lenzuolo brillava nella stanza semi buia. Io guardavo la «comoda», ma non mi muovevo. Il mio corpo non reagiva più al comando di alzarsi, quasi fosse diventato sordo. «Muoviti, muoviti», ma io giacevo immobile. I muscoli sembravano annientati, i nervi distrutti, mentre la testa era riversa sul cuscino. Come un uccello, colpito dal cacciatore, le cui ali non possono più volare. Intanto il mio bisogno diventava sempre più urgente e già avvertivo un acuto dolore al basso ventre. Gli occhi si riempivano di lacrime, ma non trovavo l'energia per alzarmi dal letto. Guardavo il lavandino e giacevo immobile.

Poi, a fatica, puntando i gomiti, sollevando con uno sforzo la testa, lasciando cadere verso il basso i piedi liberati dal lenzuolo, mi ero messo a sedere sul bordo del letto. Più in là non andavo. Ero convinto che, se mi fossi alzato in piedi, sarei svenuto, caduto per terra.

Il box sterile è largo tre metri. Su un lato c'è il letto, sull'altro la comoda. Per raggiungere la mia meta dovevo percorrere non più di un metro e mezzo. Due passi. Un'inezia. Il soffio di un pensiero. Un battito di ali. Ma quel breve percorso si era dilatato, trasformandosi ai miei occhi in un abisso, un sentiero senza fine. Il corpo era sfinito, i muscoli non rispondevano e quel metro e mezzo di pavimento era un ostacolo insormontabile. Mi sentivo come un bambino che si cimenta con i primi passi e per il quale la breve distanza tra la sedia e il divano di casa è la prima lunga camminata. Ma il bambino è pieno di giovane energia. Io invece non avevo più forze. Le radiazioni avevano prosciugato ogni mia risorsa.

Nella stanza si sentiva solo il ronzio dell'aria purificata che scendeva dalla grande griglia del soffitto. Nessun rumore veniva dal corridoio del reparto. Avevo bisogno di aiuto, ma mi vergognavo a chiamare in piena notte un infermiere per quella semplice incombenza: andare dal letto alla «comoda». Un metro e mezzo. Due passi. Il soffio di un pensiero. Tuttavia non potevo fare altro e così ho suonato il campanello, una, due, tre volte, mentre il dolore al basso ventre si faceva più acuto. Finalmente la porta della stanza si è aperta ed è entrata Agnese, l'infermiera di turno.

Capelli corti e ricci. Occhi rotondi e azzurri. Sguardo dolce e un po' incantato, come se seguisse sempre un ricordo o il filo invisibile di una favola. Avevamo parlato alcune volte. Lei entrava nella mia stanza per zittire una pompa di infusione o per portare una terapia, poi si fermava alcuni minuti ad ascoltare la musica classica del CD con i dieci frammenti e a raccontare, sino a quando un campanello non suonava nel corridoio.

Al Centro trapianti era arrivata cinque anni prima, terminata la scuola per infermieri. Nel cuore portava l'incanto delle sue valli ai piedi del Monte Rosa e soffriva per l'opprimente grigiore della città dove si era sistemata, prima in convitto e poi, con una collega, in un bilocale. Al paese aveva lasciato il suo grande affetto: il padre, rimasto vedovo dopo la morte della moglie in un incidente stradale.

Da qualche tempo però il padre si era ammalato e, quando riusciva a unire due giorni di riposo, lei tornava tra i suoi monti per curarlo e accudirlo con rispettosa tenerezza.

Non ne avremmo parlato quella notte. Non ne avevo le forze.

«Devo andare alla comoda, ma ho paura che le gambe non mi reggano in piedi. Mi sembra di svenire».

«Faccia un tentativo, muovendosi lentamente. Si appoggi al comodino e ai contenitori in acciaio. Io preparo un camice sterile e, se necessario, entro ad aiutarla».

Così mi sono mosso sotto il suo sguardo. Strisciando i piedi, appoggiandomi con una mano, sollevando i tubetti con l'altra e provando una grande vergogna per la mia estrema debolezza.

Non solo quella notte. Giorni e giorni sono rimasto senza forze, chiuso nel mio box sterile. Passavano le inservienti per le pulizie e io dormivo. Ileana mi veniva a trovare nel pomeriggio e, dopo aver parlato un poco, la mia testa si riversava sul cuscino e gli occhi si chiudevano da soli.

Poi finalmente il midollo del donatore tedesco, diventato ormai sangue del mio sangue, ha dato il primo segnale di vitalità.

«Quarantaquattro. Quarantaquattro. Ne hanno contati quarantaquattro». La dottoressa Paola è entrata nella mia stanza entusiasta, come il giorno in cui era arrivata dalla Germania la sacca del midollo, per darmi subito la buona notizia. Il laboratorio delle analisi aveva contato nel campione del mio sangue quarantaquattro globuli bianchi. Ne avevo 213.000 al momento della diagnosi di leucemia. La distanza tra questi due numeri era il segno più clamoroso della tempesta che avevo attraversato.

«Quarantaquattro? Prodotti dal nuovo midollo?», ho chiesto.

«E da chi se no? Quarantaquattro gatti», ha risposto ridendo la dottoressa.

Da quel giorno, un poco alla volta, aiutati anche da molte trasfusioni di sangue e di piastrine, i globuli hanno ricominciato a crescere. E io ho recuperato energie sufficienti per iniziare a uscire dallo stato vegetativo in cui ero caduto dopo il trapianto.

Nel comodino in acciaio c'erano una matita e un block notes sterili. Il mio mestiere è quello di scrivere, ma ho avuto la forza per usarli solo quindici giorni dopo il trapianto. Volevo inviare un breve biglietto. Un grazie a una nipotina che aveva raccolto per me piccole immagini sacre. Ileana me le aveva mostrate durante una visita.

«*Cara Elisa, i santini che mi hai mandato sono stati un conforto in questo difficile momento. Come i molti gesti di amore da cui sono circondato.*

Quando viene il tramonto un raggio di sole penetra nella mia stanza e disegna stupendi riflessi di luce rosata sulle pareti trasparenti della mia isola sterile. È l'immensa bellezza del creato che irrompe a sorpresa anche nell'ospedale.

Così i gesti di amore, come il tuo, irrompono nella mia sofferenza e vi portano una gioia inaspettata di cui rendo grazie al Signore».

Un breve biglietto, scritto a fatica, seduto sul bordo del letto, appoggiandomi al tavolino mobile. Una parola e una pausa. Una parola e una pausa, con calligrafia incerta, pensando al dolce sorriso di Elisa, ai suoi occhi ridenti di bambina. Tra le tante persone che mi avevano scritto o avevano chiesto notizie sulla mia salute, avevo deciso di ringraziare per prima la più piccola. Un breve biglietto, un foglio di block notes ma, passandolo a Ileana attraverso l'apertura tra due pareti trasparenti perché lo facesse avere alla nipotina, pensavo che quello era un primo segno di risveglio dopo l'uragano della chemioterapia e della radioterapia.

Silenzioso il nuovo midollo stava muovendosi dentro di me, come la forza invisibile che spinge le piante nude dell'inverno a ricoprirsi delle prime tenere foglie. Contro l'azzurro del cielo domina ancora il nero dei rami. Il verde è così tenue da sembrare solo una vaporosa illusione, ma la vita sta tornando.

Avevo ricominciato anche a mangiare cibi solidi. L'infermiere di turno arrivava portando un recipiente sigillato in lucido metallo: il cibo per chi è ricoverato in camera sterile viene cotto ad alta temperatura in autoclave.

«Il pasto è servito».

Io pescavo qualche chicco di riso in bianco, gommoso e insipido, poi buttavo il resto nel sacchetto dei rifiuti.

«Quanto ne ha mangiato?», chiedeva l'infermiere tornando dopo circa mezz'ora a riprendere il recipiente in metallo.

«Quasi tutto».

«Bene, continui così e potremo presto ridurre l'alimentazione parenterale. E per domani che cosa desidera?».

«Riso in bianco», rispondevo. Qualcosa andava giù e anche il mio stomaco e il mio intestino tentavano faticosamente di ridestarsi dalla bufera e di riprendere le loro funzioni.

Poi è arrivato il grande giorno.

Questa mattina mi sono svegliato all'alba e ho ripensato alle parole della dottoressa: «Vai a casa». Ho provato la gioia di chi sta per riconquistare la libertà. E subito dopo la paura. Il box sterile è stata la mia prigione, ma anche la mia difesa. Ha limitato i miei movimenti, ma mi ha salvato da terribili aggressori: virus, funghi, batteri, infezioni. Del mondo esterno per oltre un mese ho visto solo un muro scrostato dell'ospedale, un triangolo di cielo e un triangolo di prato, ma, d'altra parte, dove sarei andato senza forze e senza difese come ero dopo il trapianto?

Le pareti trasparenti sono state le mie sbarre, ma anche la mia vita. Come un bambino nell'utero materno ho respirato l'aria purificata dalla grande griglia. La mia aria, preparata per me. Come un cordone ombelicale i tubetti mi hanno costantemente collegato ai flaconi dei medicinali e dell'alimentazione parenterale. Tutto sterile, tutto programmato.

Guardo i tubetti e penso che tra poche ore questo «cordone» sarà tagliato e io tornerò a respirare l'aria inquinata della città, a contatto con persone sconosciute, forse ammalate. Come è faticoso uscire. Fuori è la vita, ma la vita lacera questo mondo protetto.

Il nuovo midollo, che solo pochi giorni fa ha dato i primi segnali di attecchimento, sarà in grado di difendermi? Basteranno le poche centinaia di globuli bianchi di cui ora dispongo? I rischi di infezione per un fisico debilitato come il mio sono evidenti. Il sangue è povero, le risorse minime. Per questo una giovane dottoressa è venuta ieri nella mia camera per chiarirmi tutte le avvertenze da avere una volta uscito dal box sterile. Evitare i luoghi affollati, non stringere la mano e non baciare altre persone, usare sempre la mascherina fuori casa. Cambiare ogni giorno la biancheria intima, gli asciugamani e le lenzuola. Lavare spesso le mani, pulire le superfici con cui vengo a contatto usando una miscela di acqua e alcool. Non toccare né piante, né animali. Utilizzare guanti di cotone o di gomma per maneggiare oggetti potenzialmente sporchi, come i giornali. Fare la doccia ogni giorno utilizzando sapone disinfettante. Pulire e avvolgere il catetere con garze sterili e cerotto di seta. Mangiare solo cibi cotti a lungo in pentola a pressione e, dopo l'apertura della pentola, a cottura ultimata, non aggiungere né sale, né olio, né formaggio. Non fare uso né di ventilatori, né di condizionatori d'aria, che possono sollevare e mettere in circolo nell'ambiente muffe o batteri. Bere almeno due litri di acqua minerale naturale al giorno, ma prendendola da bottiglie di piccola dimensione, così che il contenitore non resti troppo a lungo in uso dopo l'apertura. Pulire, pulire, pulire.

«Una precauzione in più è meglio di una in meno».

«Per quanto tempo?».

«Alcuni mesi. Poi vedremo. In questo periodo è essenziale evitare infezioni».

Ho preso appunti con la matita, in pessima calligrafia, sul mio block notes mentre la dottoressa parlava. Adesso, seduto sul letto, rileggo quelle sintetiche note. Le porte della mia prigione si aprono, ma la battaglia contro gli invisibili aggressori, virus, funghi e batteri, non è finita. Così io esco portandomi dietro questa camicia di forza: una rigida griglia di norme igieniche che condizionerà pesantemente le mie giornate, così come lo scadenzario quotidiano delle diverse terapie.

Mentalmente ho già fatto i conti. Nell'arco delle 24 ore dovrò distribuire quindici diversi appuntamenti per l'assunzione di farmaci, rispettando specifiche esigenze di orario ed evitando sovrapposizioni. La Ciclosporina, ad esempio, deve essere ingerita in dosi uguali al mattino e alla sera; lo Zovirax ogni otto ore; il Mycostatin lontano dai pasti. È un difficile gioco a incastro in cui dovrà rientrare anche il tempo necessario per il riposo, per la doccia, per la ginnastica. Ci vorrà un po' di tempo e molta pazienza per mettere a punto questa complessa macchina igienico-sanitaria che regolerà le mie giornate. Sinora i medicinali necessari mi venivano forniti attraverso i tubetti in modo quasi automatico. Uscito dal box sterile dovrò essere io a regolare, senza dimenticanze, il gioco delle molte terapie necessarie per la mia salute.

Un incubo alla cui organizzazione penserò appena rientrato nel piccolo appartamento milanese. Intanto, seduto sul letto, aspetto l'infermiere che mi deve portare scarpe e vestito per uscire. Sono sveglio dall'alba e la mattinata trascorre più lenta del solito. Niente doccia. Oggi la farò a casa. Non sono passate nemmeno le inservienti per le pulizie. Sarebbe stato inutile. Dopo la mia uscita tutti gli arredi del box trasparente verranno smontati, sterilizzati e rimontati. Tutta la stanza subirà un particolare processo antibatterico per essere pronta ad accogliere un nuovo paziente. Mi sento quasi come un inquilino cui abbiano dato lo sfratto.

Su un tavolo della stanza, fuori dalla mia isola sterile, c'è già la valigia blu portata ieri da Ileana. Gli infermieri vi hanno riposto gran parte della mia biancheria. E il quadro della Madonna. Mi avevano preso per matto, perché al momento del ricovero sulla mensola della stanza avevo fatto collocare quel quadro e non un televisore.

«Che cosa farà tutto questo tempo senza la TV. Si annoierà da morire».

Più di un mese sono rimasto nel box sterile e non mi sono mai annoiato. A Maria ho affidato le mie paure, le attese, i molti momenti di sconforto, le speranze. Tramite lei ho offerto ogni giorno le mie sofferenze. E lentamente la Madonna mi ha aiutato ad amare di più il mistero del Cristo incarnato. La sua presenza che, attraverso la croce, cambia la vita.

Sorrido e mi chiedo: «Che cosa avrei provato se, durante questo isolamento, emaciato, sofferente, costretto a un forzoso digiuno, fossi stato bombardato in continuazione dai luccicanti messaggi del falso mondo proposto dal televisore?».

Forse mi sarei sentito solo un povero paria escluso dalla festa collettiva.

E invece, guardando Maria, mi sono sempre sentito un figlio accolto.

«Signor Emilio, ecco il vestito», mi dice Vito entrando nella stanza con un abito blu appeso a una gruccia. La giacca è più leggera di quella grigia che indossavo al momento del ricovero. È l'ultimo giorno di maggio e fuori, mi dicono, fa molto caldo.

«L'isolamento è finito».

L'infermiere solleva con un gomito la parete trasparente e con un passo è dentro. Questa volta però non indossa il camice sterile. «D'ora in poi dovrà difendersi da solo. Uscendo ricordi anche la mascherina e i guanti di cotone. Metto tutto qua in ordine sul tavolino mobile».

«Grazie, ma dov'è Ileana?».

«Ha deciso di fuggire perché era stanca di lei».

«Ci ho quasi pensato» risponde Ileana che entra proprio in questo momento e ascolta con sguardo divertito la battuta di Vito.

«Buongiorno signora Ileana. Ma allora non è fuggita? Riesce ancora a sopportarlo?».

«A fatica, ma ci provo».

«Ciao Ile».

«Ciao. È il gran giorno. Ma che mattinata. Mille cose da fare per gli ultimi preparativi. Scusami se arrivo in ritardo, ma vedrai nel nostro appartamento milanese tutto brilla, tutto è igienico come se fosse un box sterile. Torni a casa. Che gioia».

Mi vesto e mi allaccio le scarpe lentamente. Non sono più abituato a questi semplici gesti. Intanto Ileana, aiutata da Vito, ripone nella valigia gli oggetti che mi appartengono e che ancora sono appoggiati sulle mensole della stanza.

A uno a uno i medici e gli infermieri presenti in reparto passano a salutarmi e ogni volta la mia vestizione e la preparazione della valigia si interrompono.

«Avete comprato la Ciclosporina?».

«Se vi servono ricette per cucinare in pentola a pressione potete chiederle alla caposala».

«Non dimentichi di assumere gli antibiotici, per evitare complicazioni febbrili».

«Nell'armadio del corridoio ho trovato queste due salviette ancora in busta sterile. Credo siano sue».

«Vi aspettiamo domani mattina per il primo controllo».

L'ascensore del reparto è bloccato e per scendere due rampe di scale verso l'uscita mi devo appoggiare con il braccio destro a Ileana e con il sinistro alla robusta e simpatica infermiera che mi ha accolto il giorno del ricovero. Vito porta la valigia.

«Allora, signor Emilio, ci vuole proprio lasciare?».

«Da solo non andrei lontano. Intanto grazie per tutto quello che avete fatto per me».

Guanti bianchi, mascherina, occhiali da sole, un berretto di cotone per proteggere la testa ancora pelata, il vestito blu e la camicia azzurra. Scendo le scale a fatica, anche se ho in Ileana e nell'infermiera un valido sostegno. Le mie gambe non sono più abituate a camminare e quando usciamo al caldo e alla luce mi sento confuso. Il piccolo box dalle pareti trasparenti non c'è più. È il primo giorno di libertà dopo la nuova nascita. Sotto un cielo terso e azzurro mi fermo e respiro profondamente per compensare la grande emozione e assaporare la gioia. Poi mi volto a guardare la facciata dell'ospedale, i marmi bianchi, l'intonaco scrostato, gli infissi verdi segnati dal tempo.

Torno a casa, ma solo il Signore vede il mio sorriso di gratitudine sotto la mascherina.

IL FURTO

Sono passate più di quattro ore, ma Ileana non è ancora tornata.

È uscita questa mattina per accompagnare in centro città Carla, la sua sorella più giovane, che è venuta a trovarci a Milano. Ma non è ancora tornata.

A causa delle mie precarie condizioni fisiche e delle ridotte difese immunitarie, per ora, nel piccolo appartamento, dove ho iniziato a trascorrere la convalescenza, non possono entrare estranei. È una precauzione necessaria per ridurre al minimo il rischio di infezioni o contaminazioni. Così quando Carla è arrivata io l'ho salutata attraverso il citofono, poi Ileana è uscita, dicendo che sarebbe tornata in tempo per prepararmi il pranzo. Con la sorella ha intenzione di recarsi nel centro della città per un caffè in piazza Duomo, una visita alla basilica, una camminata sotto i portici.

Sono passate più di quattro ore. Non è ancora tornata. Ho provato a chiamarla sul telefonino, ma il suo cellulare è spento. Strano, mi aveva detto che lo avrebbe tenuto sempre acceso perché io potessi contattarla in caso di necessità.

È la prima volta, dopo la dimissione dall'ospedale, che Ileana resta lontana da me per un periodo di tempo così lungo. Di solito esce solo per l'appuntamento quotidiano con il supermercato, l'edicola o la farmacia, ma presto è di ritorno.

Quattro volte alla settimana ci rechiamo insieme al Centro trapianti per i prelievi di sangue, i controlli e le terapie necessarie. In questa fase iniziale della mia vita con il nuovo midollo vengo tenuto sotto stretto controllo perché i rischi di complicazioni sono elevati.

Mi sto impegnando anche nel recupero fisico e cerco di allenare i muscoli, quasi atrofizzati a causa della lunga immobilità in ospedale. Mezz'ora di ginnastica, ogni giorno, stringendo i denti, perché a volte mi sembra di svenire o di perdere il controllo del mio corpo. Sensazioni strane, mai provate prima, ma alcuni movimenti si trasformano in sfide insuperabili. Bastano quattro flessioni sulle ginocchia per farmi tremare. Allora mi fermo. Il giorno dopo ricomincio da capo, cercando di fare una flessione in più. Non sempre ci riesco.

Ci sono mattine in cui il corpo si risveglia leggero, quasi spinto da un formicolio giovanile, da una certa voglia di fare, di parlare con Ileana. Ci sono mattine invece in cui il torpore mi schiaccia verso il basso e un peso opprimente blocca ogni energia. Allora resto silenzioso e mi muovo lento, come sopraffatto da un nemico invisibile.

Durante le visite al Centro trapianti i medici mi raccomandano di camminare più a lungo possibile per favorire il recupero fisico. Così due giorni fa Ileana mi ha accompagnato in macchina al Parco Nord, una grande area verde ricca di alberi, per la mia prima passeggiata dopo il trapianto.

Ero una strana figura in quella tersa mattina di sole dopo il vento e la pioggia di inizio settimana. Mascherina, occhiali da sole, berretto di cotone ben calcato sulla testa. Le poche parti visibili del volto, come la fronte, erano più pallide del solito, perché cosparse di bianca crema solare. Una protezione indispensabile per evitare che i raggi ultravioletti possano diventare un fattore scatenante della GVHD. Con questa sigla i medici indicano una patologia che può limitare gravemente la qualità di vita del trapiantato o addirittura impedirne la sopravvivenza. È una forma di reazione del midollo che non riconosce come proprio il nuovo corpo in cui è stato infuso. Per questo lo aggredisce compromettendo il buon funzionamento di fegato o intestino, oppure colpendo gli occhi o la pelle.

C'erano poche persone in quella mattina feriale al Parco Nord, quasi tutte impegnate in attività fisiche, come la corsa a piedi o in bicicletta. Con scarpe da ginnastica, pantaloni corti e maglietta, mostravano muscoli sudati e abbronzature. Alcune, terminata la corsa, se ne stavano sdraiate sull'erba a prendere il sole. Io invece, in quel piccolo regno del culturismo, ero bardato da capo a piedi. Oltre al cappello, agli occhiali da sole e alla mascherina, indossavo pantaloni lunghi, camicia, guanti bianchi e una leggera giacca a vento. Faceva caldo, non un caldo afoso, ma piacevole, perché attenuato da una fresca brezza dopo i due giorni di pioggia. Io però, che ho sempre freddo a causa del limitato numero di globuli rossi, ero vestito come se dovessi affrontare una camminata in alta montagna e non una passeggiata in un parco cittadino. Ero una contraddizione vivente in quella mattinata di luglio.

Dopo l'ingresso del parco la strada si divide in due. A sinistra il percorso è asfaltato e prosegue diritto in mezzo a un grande prato. A destra c'è un sentiero in terra battuta che costeggia un lungo arco di alti pioppi ai limiti del bosco. Con Ileana avevamo deciso di muoverci in quest'ultima direzione, perché il sentiero in terra battuta era meno frequentato e non vi passavano biciclette. Mi sentivo eccitato e insieme preoccupato.

Era la prima volta, dopo il lungo isolamento nel piccolo box sterile, che mi trovavo in uno spazio libero così ampio. Respiravo con piacere l'aria frizzante e gustavo l'odore dell'erba che un trattore, di cui ora si sentiva solo il lontano rumore, aveva tagliato poco tempo prima. Le rondini volavano basse e veloci, passando e ripassando in quell'area dove il taglio dell'erba aveva costretto gli insetti a uscire allo scoperto.

Terminato l'arco dei pioppi, il sentiero in terra battuta si nascondeva alla vista dietro una siepe.

«Dobbiamo arrivare là», aveva detto Ileana. «Ce la farai ne sono sicura». E per incoraggiarmi camminava un poco avanti a me.

Io la seguivo curvo e incerto, muovendomi lentamente e fermandomi spesso per riprendere fiato. Ogni tanto qualcuno mi superava di slancio, ansimando per la corsa. Rispetto a quei corpi protesi nello sforzo della velocità e della prestanza fisica mi sentivo come l'incarnazione del limite umano, una icona di sofferenza e di fragilità.

C'erano due ragazze sedute sul prato a prendere il sole.

Una di loro ha detto: «Quell'handicappato mi fa impressione. Non posso guardarlo».

E l'altra: «Forse è infettivo, porta la mascherina».

Ascoltate quelle frasi Ileana si è subito avvicinata a me: «Non preoccuparti, non sanno che dietro la mascherina e gli occhiali da sole sei bellissimo, e per nulla infettivo»

Abbiamo continuato così, fianco a fianco, con Ileana che mi stava vicino, quasi a volermi proteggere e a dimostrare che, nonostante lo strano aspetto, non ero «pericoloso».

Le frasi delle ragazze mi avevano ferito, ma non umiliato. Pensavo a quante volte anch'io, involontariamente, potevo aver amareggiato qualcuno meno dotato di me. Ma la lunga permanenza in ospedale e la debilitazione fisica mi avevano aiutato, nella preghiera, ad aprire gli occhi su una dimensione dimenticata. La più grande bellezza si nasconde anche nel dolore. Sì, perché il limite e la sofferenza portati sulla croce di Cristo perdono il velo dell'assurdità e della disperazione, per assumere un aspetto nuovo. Non più cupa negatività che fa paura, non più ferita soffocante, ma giardino in cui Gesù riflette con più chiarezza il suo volto luminoso.

Una bellezza nascosta agli occhi frettolosi e distratti, agli sguardi superficiali e freddi, agli spazi angusti del calcolo e del tornaconto.

Dove la prestanza fisica scompare, dove il corpo si fa debole, le gambe si piegano, le braccia sono stanche, il volto si deforma per i segni della malattia, allora misteriosamente riverbera una più grande somiglianza al Cristo che soffre e quindi una più alta prossimità al volto glorioso della sua resurrezione. Non c'è meno dolore, ma il dolore può diventare il più grande amore. Per questo mi sentivo ferito dalle frasi delle ragazze, ma non umiliato. In fondo mi avevano ricordato l'occasione terrena di questa vicinanza.

Mentre ero in ospedale, anch'io all'inizio avevo paura a guardare il mio volto debilitato, privo di ornamento, emaciato nella sofferenza. Poi il dialogo quotidiano con Maria e l'amore paziente delle persone che mi assistevano mi avevano aiutato a scoprire il senso di quella bellezza nascosta.

Ripenso all'episodio del Parco Nord mentre aspetto Ileana. Sono passate più di quattro ore, ma lei non è ancora tornata. Intanto io devo assumere una terapia, una delle tante previste nel corso della giornata. La più dura. È una medicina nauseante, un liquido giallo dal sapore dolciastro. «Aroma ciliegia» è scritto sulla confezione, ma forse chi lo produce probabilmente non ha mai assaggiato una ciliegia. Lo bevo tre volte al giorno da un mese prima del trapianto.

In ospedale alcuni pazienti si sentivano male al solo vedere la pozione da ingerire. Io stesso all'inizio mandavo giù quel «beverone», così lo chiamavo, e un minuto dopo lo vomitavo, tossendo e sputando, nell'apposito contenitore di plastica. Il sapore era troppo intenso per poter resistere e mentre scendeva nello stomaco mi faceva rabbrividire. Poi ho ideato il metodo giusto per ingerire la pozione senza doverla subito eliminare. Assumevo il liquido giallo un poco alla volta, a piccoli sorsi. Dopo ogni sorso respiravo profondamente per alcuni minuti, sino a quando ero sicuro che il pericolo del vomito fosse evitato. Un sorso e un profondo respiro, un sorso e un profondo respiro, in silenzio, tutto concentrato in quella penosa incombenza, sino a quando il bicchiere era vuoto.

Anche oggi uso lo stesso metodo. Il bicchiere con il liquido giallo è appoggiato sul tavolo della sala nel piccolo appartamento milanese, la stessa sala dove dormo su un divano letto. Ne bevo un sorso e respiro profondamente, ascoltando la musica dei dieci frammenti. Mentre compio questa lenta operazione mi domando se i medicinali vengano realizzati tenendo in adeguata considerazione le esigenze dei malati cui sono rivolti. Malati, cioè persone che, per definizione, hanno facilmente la nausea, deglutiscono a fatica, sono debilitate, senza forze, hanno gli occhi arrossati, leggono con difficoltà.

Ogni giorno mi devo cimentare con soluzioni dal sapore nauseante, con flaconi difficili da aprire, con chiusure metalliche strappando le quali a volte mi ferisco le dita, con pastiglie troppo grosse, più simili nella forma a mattoni o mattonelle e non a medicamenti che dovrebbero scivolare facilmente anche nella gola arrossata. Piccole difficoltà, è vero. Piccole per chi è sano, non per chi è alle prese con una dura malattia.

Sapori, forme, confezioni, istruzioni. Chi pensa al malato progettando i medicinali? Senza amore alla persona anche i farmaci possono trasformarsi, senza necessità, in una piccola tortura.

Completo la penosa incombenza e penso a Ileana. Sono passate ormai cinque ore e lei non è ancora tornata. Per l'ennesima volta cerco di chiamarla sul cellulare, ma il telefonino è spento. Perché? Mi aveva promesso che lo avrebbe tenuto sempre acceso. Mi sento insicuro, inquieto e inizio a formulare le peggiori ipotesi. Un malore? Un incidente? Nel corso della mattinata due volte ho udito il suono della sirena di un'ambulanza che passava nelle vicinanze. Che idee assurde! In realtà non so che cosa pensare.

Me ne sto immobile mentre il sole estivo inonda di luce la stanza attraverso la porta finestra che si apre su un grigio balcone. Il bicchiere sporco di liquido giallo è lì sul tavolo. Non ho ancora trovato la forza per alzarmi, portarlo nel lavandino della cucina e poi recarmi in bagno a lavarmi i denti, così da cancellare il nauseante sapore dalla bocca.

Finalmente il mio telefonino suona e mi risveglia dal torpore. È Ileana che mi chiama.

«Pronto, pronto. Sei tu?».

«Mi hanno rubato la borsetta. E dentro c'era tutto. Tutto, capisci?».

«Tutto cosa?».

«Le chiavi di casa, quelle della macchina, i documenti personali, i soldi in contanti e le carte di credito. Tutto quello che ci serve per sopravvivere a Milano».

«Come è successo?».

«Eravamo in un negozio di abbigliamento con mia sorella. Ho appoggiato un attimo la borsetta su un ripiano per allungare a Carla una giacca che voleva provare. Pochi secondi. Il tempo di guardarla mentre la indossava e darle il mio parere. Quando mi sono girata la borsetta era sparita».

«Non ti spaventare. In qualche modo rimedieremo»

«Stiamo già rimediando. Dal negozio ho telefonato subito alle banche per bloccare le carte di credito. Poi con Carla sono andata in Questura per denunciare il furto. Mi hanno detto che ne avvengono in continuazione. Ho telefonato alla segretaria dell'Associazione amici ematologia. Nel pomeriggio ci porterà un'altra copia delle chiavi di casa. Non so come fare per quelle della macchina».

«In questo caso ti aiuto io. La seconda copia è qui a Milano, in una tasca delle valigia blu».

«Bene, mi dai una buona notizia. E poi non moriremo di fame! Carla mi ha già prestato la sua carta di credito. La utilizzeremo sino a quando non ne avremo di nuove».

«Coraggio, dunque. Hai già fatto tutto ciò che era necessario».

«Rimedieremo, sì. Lo stiamo già facendo. Ma questo furto mi ha scosso e spaventato. Per un attimo mi sono sentita violata. Nella mia borsetta c'era la vecchia agenda con i numeri di telefono delle persone a noi più care. C'erano alcune belle fotografie di Davide e Caterina ancora bambini. C'erano piccoli ricordi cui ero affezionata».

«Mi dispiace. Vorrei essere lì con te per consolarti. Ma quando torni?».

«Prestissimo. Ho già chiamato un taxi. Non ti preoccupare. Avrei dovuto prepararti il pranzo un'ora fa. Sei affamato?».

«Da morire. Ma soprattutto ho voglia di vederti».

SALA D'ATTESA

Non sono ancora le otto, e la sala d'attesa è già gremita. I posti a sedere sono tutti occupati e qualche persona è in piedi nel lungo corridoio che porta al primo reparto di medicina.

È una sala provvisoria e disadorna: a destra c'è una fila di vecchie poltroncine nere, rivestite in finta pelle, a sinistra ci sono tre armadi metallici in lucido acciaio dove gli infermieri del Centro trapianti tengono le scorte di alcuni prodotti sanitari di uso quotidiano.

Nella precedente sala d'attesa sono in corso lavori per attivare un nuovo più potente impianto di aria condizionata e per collegare il Centro a una contigua ala dell'ospedale che, opportunamente ristrutturata, servirà per tutte le attività di day hospital.

Intanto i pazienti, che si presentano per controlli e terapie, devono aspettare il proprio turno in questo spazio angusto. Non una vera e propria sala, ma una rientranza del corridoio, isolata con una provvisoria parete in carton gesso di colore rosa. La soluzione è stata possibile perché in questo punto c'è una porta a vetri che, attraverso un piccolo magazzino, consente un secondo accesso al Centro trapianti.

I pazienti arrivano quasi tutti prima delle otto, a digiuno, perché per loro la giornata inizia con il prelievo di un campione di sangue. Le provette devono essere inviate entro le nove al laboratorio per le analisi, così da ottenere i risultati prima della successiva visita medica.

Tra prelievi, controlli e terapie, la sala d'attesa resta gremita almeno sino a mezzogiorno, anche se gli occupanti cambiano. I pazienti entrano ed escono dal Centro trapianti e questo spazio angusto, separato dal resto dell'ospedale dalla parete rosa, diventa il punto d'incontro di storie di speranza e di dolore. Storie sempre uguali e sempre diverse, dialoghi frammentati e interrotti perché di tanto in tanto dalla porta a vetri si affaccia un infermiere o un medico per chiamare il paziente di turno.

Nora se ne sta seduta, con la schiena eretta, sul bordo di una poltroncina. Stringe nervosamente tra le mani una borsetta in pelle di colore rosso. Muove la testa a piccoli scatti roteando a volte gli occhi verso il soffitto per distogliere lo sguardo da chi le sta attorno. È truccata con cura e i capelli, troppo neri per essere questo il loro colore naturale, scendono dritti e ben pettinati sino a toccare le spalle. È evidentemente a disagio in questo luogo che getta un'ombra cupa sul suo futuro.

È lei che per prima rompe il silenzio appena il marito, in fase di preparazione per un trapianto di midollo dalla sorella, entra in reparto per il prelievo. Ha fretta di capire come sarà il percorso della cura.

«Quanto tempo serve per guarire?

«Quanto tempo? Chi può dirlo?», risponde Dario, pallido, trent'anni, testa pelata, giacca marrone e maglietta di cotone nero girocollo. «In dieci mesi di autotrapianti io ne ho fatti due. Il primo è venuto così bene che, per sicurezza, mi hanno convinto a fare anche il secondo. La prima volta i capelli sono ricresciuti subito. Adesso non si fanno più vedere. Quanto tempo? Non importa, conta solo guarire. Per chi ci riesce», e mentre parla sposta la mascherina verso la punta del naso come per sentirsi più libero.

«Dieci mesi e porta ancora la mascherina?».

Dario annuisce con la testa, poi continua: «E ogni settimana devo venire qui per i controlli. Ma non guardi al mio caso e non si spaventi. Qui dentro ogni storia è diversa. C'è chi è scappato via in poco tempo. Ma è raro. Di solito la leucemia si attacca alla pelle come la colla, è tenace come il mastice e per strapparsela di dosso ci vuole pazienza. Vero Angela?».

Angela, lunghi capelli rossi e viso lentigginoso, se ne sta in piedi con le spalle appoggiate a un armadio in metallo. È timida e sorride appena, mentre l'attenzione della sala d'attesa si rivolge verso di lei. Al

Centro trapianti è arrivata tre anni fa e la leucemia era già acuta. All'inizio la ricerca di un donatore è stata disperata, non c'erano luci accese per la sua giovane vita lungo la riva del mare. Così per guadagnare tempo, per impedire al male di completare la sua opera distruttiva, i medici hanno deciso di tentare un autotrapianto. Si sapeva che nel suo caso non sarebbe stata una cura definitiva, ma intanto si otteneva una tregua e la ricerca poteva continuare. Quanta attesa, quanto pregare, ogni giorno prezioso, ogni ora preziosa, mentre il volto scuro della morte si faceva sempre più vicino. Al limite estremo il donatore è stato trovato, ma Angela ha dovuto affrontare il trapianto già provata da quella sfida estrema. Il suo robusto fisico di ragazza ha resistito, l'ottimismo non l'ha mai abbandonata, anche nelle situazioni più difficili.

Dopo l'autotrapianto e il trapianto restavano però ancora gravi residui di malattia nel suo sangue. Per questo i medici hanno favorito l'insorgere della GVHD. Il midollo del donatore ha aggredito il suo corpo e in questa dura guerra ha distrutto anche le cellule malate. La leucemia così se ne è andata, ma è rimasta un'altra malattia da curare e contenere. Angela indossa i jeans e una polo azzurra dalle maniche corte. Il volto, le braccia, le mani sono vistosamente coperti di chiazze rosse, mentre gli occhi soffrono per la congiuntivite. È la GVHD che ora non la vuole lasciare.

«Io sono tre anni. Tre anni che vengo qui al Centro. Ma ho ripreso la scuola e sono contenta perché a giugno sono stata promossa con ottimi voti. Certo in classe devo stare ancora in banco da sola e indossare la mascherina e questo mi dispiace».

Nora guarda Angela, stringe nervosa la borsetta rossa e sta seduta eretta sul bordo della poltroncina nera, come se da un momento all'altro dovesse alzarsi in piedi per uscire in fretta.

«Tre anni?».

«Tre anni».

«E tu studi. Ma chi lavora come mio marito come può stare tanto tempo lontano dalla sua attività?».

Dario aggiusta la mascherina sul naso e ripete: «Ogni storia è diversa. Lei non stia ad ascoltare, ma di pazienti io ne ho conosciuti vari che il lavoro lo hanno perso, proprio nel momento in cui ne avevano più bisogno, perché la cura della leucemia ha dei costi altissimi, anche per il malato».

«Perso il lavoro?».

«Mio figlio è tra questi. Lo hanno licenziato», grassottella, vestita di grigio, Marta racconta e, mentre parla, si agita e gesticola. «Tra i giovani dipendenti era il migliore. Stava per terminare il periodo di prova e più volte gli avevano promesso che sarebbe stato assunto a tempo indeterminato. Poi, quando è arrivato il certificato medico con scritto leucemia, lo hanno lasciato subito a casa. Subito, capisce? Da un giorno all'altro».

«Ma è ingiusto».

«Ingiusto, ma succede. E noi a dover far fronte a questa prova solo con la mia pensione. Ma non è tutto. Anche la sua ragazza lo ha lasciato. Eppure stavano già arredando la casa dove andare a vivere insieme. Sparita, anche lei come il lavoro. Solo pochi amici, quelli veri, vengono ancora a cercarlo. Povero figlio mio, com'è cambiato, non lo riconosco più, è diventato il mio tormento quotidiano. Senza lavoro e senza affetto è nervoso, irascibile, taciturno. Basta un nulla e se la prende con me. Ma io che colpa ho di questa sventura?».

Paolo, il figlio, è fuori dalla sala d'attesa e non può sentire. Capelli biondi tagliati a spazzola, cammina avanti e indietro nel grande corridoio che porta al reparto di medicina, le lunghe braccia a penzoloni, un po' scostate dai fianchi. Il suo fisico era atletico e robusto prima di dimagrire. Due volte ha dovuto fare ricorso al Registro internazionale. Il primo donatore, una giovane madre francese, quando è stata chiamata per l'impegno definitivo non era più disponibile.

Paolo va avanti e indietro con le lunghe braccia a penzoloni. Poi si ferma vicino a una finestra aperta, sul lato del corridoio opposto alla sala d'attesa. Accende una sigaretta, appoggia i gomiti sul davanzale e inizia a fumare. Un gesto proibito per chi ha subito un trapianto. Il fumo ha già provocato una grave irritazione alla gola che ora i medici cercano a fatica di curare. Ma questa è la sua ribellione a un destino che non capisce. Aveva un lavoro, aveva una ragazza, aveva la salute. Ora a casa si sente solo un animale in gabbia, senza prospettive, soffocato dalle troppe attenzioni della madre. Non accetta la sua sorte e si ribella, rifiutando le prescrizioni dei medici, dimenticando le cure, compiendo i gesti che non dovrebbe fare. Complica la sua situazione, ma è l'unico modo per sentirsi vivo, per dare sfogo al suo desiderio di felicità che è stato tradito.

«Così mio figlio ha perso il lavoro», continua Marta. «Ora ne sta cercando un altro, ma quando si viene a sapere del suo passato, della malattia non ancora conclusa, delle complicazioni che ancora rimangono, tutti si tirano indietro. E dicono: ripassi quando sarà completamente guarito. Lui cerca, non trova, si sente inutile e si dispera».

Nora ha gli occhi lucidi, fa una smorfia e si sfoga: «Maledetta malattia. Proprio ora che stavamo per comprare un appartamento nuovo, in una bella zona di Milano. Come ho sempre desiderato. Il mio sogno. E mio marito deve essere ricoverato. Non lo posso accettare. Che ne sarà della mia cagnolina? Ho sentito dire che, se c'è un trapiantato, non si possono tenere animali in casa».

«Gli animali devono stare lontani dai trapiantati. Questo è chiaro. Possono trasmettere gravi infezioni», risponde Dario, che intanto ha aperto un succo di frutta e lo sta bevendo con la cannuccia, infilata sotto la mascherina per raggiungere la bocca.

Per Nora è troppo. Una vampata di calore le arrossa il viso. Si alza in piedi di scatto. In quel momento si apre la porta a vetri e arriva il marito, barba grigia ben curata, che le sorride: «Il prelievo è fatto. Ora devo recarmi al reparto di radiologia».

«Vengo con te. Qui ne ho già ascoltate abbastanza».

Si libera un posto sulla nera poltroncina. Nessuno lo occupa e io, stanco di stare in piedi, mi vado a sedere dove prima era Nora, di fianco a Dario. Un infermiere si affaccia dalla porta a vetri e chiama Arienko, un operaio romeno che lavora in un'azienda agricola lombarda. Basso, tarchiato, spalle larghe, la mascherina un po' sporca e sgualcita. Come sempre è taciturno, perché conosce poche parole di italiano e quando qualcuno in sala d'attesa gli chiede come va, lui fa cenno di sì con la testa e poi aggiunge: «meliora».

Arienko entra in reparto e appena la porta si chiude alle sue spalle Dario commenta: «Non capisco perché il nostro sistema sanitario debba spendere tanti soldi per curare quelli come lui. Vengono apposta in Italia, non hanno mai versato contributi, portano via il lavoro ai nostri giovani e si fanno anche assistere a nostre spese».

«E non si accontentano di venire soli. Portano parenti e amici per farli curare nei nostri ospedali. E noi a fare la fila», aggiunge Marta.

«Ma io una soluzione l'avrei», e Dario aggiusta la mascherina sulla punta del naso.

«E quale?», domando.

«Io li manderei in Vaticano questi immigrati, lì i soldi ce li hanno. Mandiamone dieci, ventimila in San Pietro».

Rido e scuoto la testa: «È un'idea che non sta né in cielo né in terra. Il problema dell'immigrazione è italiano e il nostro Paese non può certo pensare di risolverlo scaricandolo su un piccolissimo Stato straniero. Se per assurdo fosse possibile, noi non ne avremmo alcun beneficio e in compenso si creerebbe una contraddizione ingestibile».

«Ma qualcosa bisogna fare».

«E presto», incalza Marta.

«Certo, ma non in questa direzione. A ogni persona, a ogni immigrato che mette piede nel nostro Paese noi dobbiamo qualcosa, in forza della sua dignità di uomo. Anche se arriva povero, se non ha pagato contributi, se non è in grado di dare nulla in cambio. Lo Stato italiano deve regolare con rigore i flussi migratori, evitare la clandestinità e impedire che questi canali si trasformino in porte aperte alla malavita, alla prostituzione e al terrorismo. Per il resto il nostro Paese ha bisogno del lavoro di persone come Arienko, che non rubano i posti ai giovani, ma svolgono funzioni che altri non vorrebbero fare.

«Io li manderei in Vaticano. Lì i soldi ce li hanno. Ancora per poco però. La scienza dimostrerà che la religione non ha consistenza».

«Forse la scienza vissuta come pregiudizio. Perché in duemila anni scienza e ragione, vissute correttamente, non hanno mai potuto smentire la verità della rivelazione e spesso, anzi, anche nelle più recenti scoperte, hanno portato sorprendenti elementi di conferma».

«Non creda, non creda. Presto troveremo un piccolo marziano verde. Allora capiremo che abbiamo sbagliato tutto».

«Omini verdi, per ora, ce ne sono solo nei film e nei libri di fantascienza. Tutti i viaggi fatti nell'universo ci dicono che l'immensa bellezza del creato ha al suo centro l'uomo».

«Ci sarà un omino verde».

«C'è l'uomo e, se guardiamo lassù e domandiamo, una risposta arriva. Ma è quella di un Padre che ci ama e che ci attende».

Si apre la porta a vetri e l'infermiera mi chiama per il prelievo.

«L'omino verde», sento Dario che ripete, mentre la porta si chiude alle mie spalle.

COME SARÀ IL MARE

Un volo di colombi contro il verde del campo, come bandiera che un vento immaginario scompone e ricompone. Ombra leggera, ora scura, ora illuminata di bianco e d'argento. Grande ala di farfalla che si posa e poi scompare nel sole.

Così mi accoglie il piccolo borgo di montagna dove è la nostra casa di pietra. Più di un anno è passato dal giorno della diagnosi. Agosto è già inoltrato. Ritorno per iniziare la convalescenza.

Sono sempre io, indebolito dal trapianto, stremato dalle cure, bisognoso ancora di molte terapie e di lunghi controlli. Sono sempre io, ma diverso. L'imprevisto della malattia, esploso nella vita, mi ha cambiato, e non solo fisicamente. Il volto è scavato, il corpo dimagrito, i capelli radi, la pelle arrossata. Ma i globuli crescono, la vita fiorisce e le forze lentamente aumentano. La leucemia mi ha segnato, ma non distrutto, colpito, ma non annientato. Il lungo calvario ha reso il cammino più essenziale, più vero. È stata come una tempesta che oscura il sole, sconvolge il mare, sferza con la pioggia, pulisce gli scogli. Ma, quando la forza devastante è passata, l'acqua è più limpida e l'aria più serena. Un uragano, un imprevisto, una grazia, forse un miracolo, senza del quale la mia esistenza avrebbe continuato a scivolare verso un lento letargo, verso le abitudini degli automi. E ora, invece, dolore e gratitudine si mescolano insieme.

L'umido sapore della terra tocca il profumo del cielo.

Sono sempre io, ma diverso. Diverso dentro. Più fragile nel corpo, più luminoso nel cuore. Un incontro mi ha cambiato, rinnovandomi nel profondo, attraverso l'arido susseguirsi delle circostanze. Fino a che la vita si è fatta nuova. Due volte sono nato. Di prova in prova, di dolore in dolore, di segno in segno, di giorno in giorno, i miei occhi si sono aperti al Tu che dà speranza, a un compagno di viaggio che mi ha accolto nella sua misericordia, fianco a fianco nel travaglio della sofferenza. Sono stato chiamato, quasi sospinto, ma insieme ero io assetato e desideroso di un senso a quanto stava avvenendo. Avido di una ragione che spiegasse il desiderio di felicità, che esplode ogni giorno in un impeto, e prima o poi si schianta contro il muro del limite e della fragilità. Quel muro che tutti ci portiamo dentro, come una malattia. Perché?

Parlandomi attraverso la prova del dolore, attraverso la compagnia degli amici che mi sono stati vicini, attraverso le preghiere di quanti mi hanno sostenuto, un Altro mi ha dato risposta.

Quando, avvolto nella coperta dorata, mi portavano lungo i corridoi dell'ospedale verso la dolorosa TBI, chiudevo gli occhi e desideravo di vedere il volto di Maria. Lo stesso volto del quadro che avevo lasciato nella mia camera. E invece di fronte a me compariva solo una crosta, come la pelle nera di un serpente. La luce stava dietro.

C'è una crosta da rompere. Da rompere ogni giorno. La crosta dell'egoismo e dell'invidia, la crosta della banalità e della meschinità, la crosta della violenza e della solitudine, la crosta della malattia e della morte. Ma la crosta è mescolata in modo profondo e umiliante alle nostre ossa e togliercela di dosso da soli non siamo capaci. Noi desideriamo, cerchiamo, ci disperiamo, ma solo una grazia può squarciare quel velo. Solo lo stupore di fronte al mistero di Dio che viene a immischiarsi con noi e rende possibile una terra nuova.

La crosta non è scomparsa, ma un giorno, chiudendo gli occhi si è lacerata, come un'iniziale ferita, e da quel taglio scendeva la luce. La luce di Cristo, che gratuitamente si dona, che entra in noi e ci insegna ad amare. Nella carne, nella terra arata, nella collera, nella dimenticanza, nella selva che confonde la luce, nell'amicizia che sostiene. Ma, da questo grano della vita, a ogni istante possiamo alzare a lui lo sguardo, come mani levate, e la fede cambia la pioggia, cambia il dolore, cambia le ferite. Non più gelida notte, ma fervida attesa in cui, nella fraternità, si afferma la comunione. Luce del giorno che viene, per essere come lui nel suo amore. Sino a che la nera terra arata, il corpo segnato, le mani affaticate, le ginocchia infiacchite diventano culla di una gioia che nessuno può strappare. Culla di conversione.

Non so come sarà il mare. La nave torna al porto, i legni un po' sconnessi, le vele squarciate. Si muove lenta, cerca un riparo, scivola sull'acqua calma come un frusciare di ali. Torna per lenire le ferite e ripartire. La vita non si può fermare. La guarigione non mi libera dal tempo, dal cupo incedere dell'ombra. La leucemia che si allontana non cancella il limite. Mi dona nuovo tempo. Un dono grande, una gioia immensa. Ma, a che servirebbe questa vittoria, se non fosse per un compito? Perché nascere una seconda volta se non per un gusto che renda piena la vita?

Assestati i legni, cucite le vele, il vento spingerà al largo. Non so come sarà il mare. Ci saranno giorni di bonaccia e di afa opprimente. Ci saranno pomeriggi di foschia che chiude l'orizzonte. Ci saranno mattine impetuose e sere di tenera brezza. Ci sarà il porto dell'estremo arrivo. Ma perché passare a fatica di onda in onda, di scoglio in scoglio, se non è per uno scopo? E qual è lo scopo che non delude, che dà gusto al tempo, anche nell'ultimo approdo? Anche allora, perché l'estremo orizzonte non sia solo una linea nera, una sbarra di piombo.

C'è una crosta da rompere, un compito da svolgere, un senso da dare.

Il primo compito è di solidarietà. Tornando al paese Ileana ha incontrato una conoscente. Le ha raccontato di un nipote, 35 anni, una figlia piccola. A lui la leucemia non ha dato scampo: non s'è trovato un donatore. Nessuna luce si è accesa lungo la riva del mare. Eppure chi poteva salvarlo forse era in quella casa sull'altro lato del colle, o in attesa a una fermata del tram, o in un fumoso bar. E non sapeva.

Che non debba più succedere, perché è così semplice rendersi disponibili. Più luci si accendono, più vite si possono salvare. È un compito di solidarietà perché coloro che Filadelfia aggredisce, come una belva silenziosa, possano avere il dono che io ho avuto e il sostegno dell'amicizia durante il lungo, faticoso, costoso cammino della cura.

Ma c'è un compito più grande, che accoglie il primo e lo rende più vero. Il compito che dà senso e gioia a ogni nave che riparte, a ogni nave sulle rotte della vita, a ogni nave che approda. Ripetere il sì di Maria che ha riempito di significato il tempo. «Eccomi». Giorno per giorno, momento per momento. «Eccomi», nella terra arata, «eccomi» nel grano della vita, «eccomi» nella polvere del dolore, «eccomi» nello stupore dell'alba. «Eccomi». Per aprire alla vertigine del mistero che chiama. Che chiama ogni uomo. Che mi chiama per nome, nel perdono e nella misericordia. Per generarlo ogni istante nella fede, come Maria lo ha generato; per seguirlo nella compagnia della Chiesa, che continua il suo volto nel mondo; per imparare a conoscerlo, nella fraternità con gli amici; per farne memoria, nell'ascolto della parola; per servirlo in ogni uomo che chiede aiuto; per annunciarlo ad ogni cuore che attende. Vieni, Signore Gesù.

APPENDICE

COME SI DIVENTA DONATORE DI MIDOLLO OSSEO

di Luigi Malini
Presidente ADMO Regione Lombardia

Per diventare donatore di midollo osseo è necessario compilare il modulo di «consenso informato» e sottoporsi a un semplice esame del sangue detto «tipizzazione». Si verrà così inseriti nella banca dati mondiale dei donatori. Per l'Italia IBMDR, Italian Bone Marrow Donors Registry, istituito presso l'ospedale Galliera di Genova. Tutte le prestazioni per l'iscrizione nel Registro sono a carico del Servizio sanitario nazionale.

Ogni persona sana può diventare donatore di midollo osseo e candidarsi a compiere questo grande gesto di solidarietà, indispensabile per salvare una vita umana. Per iscriversi al Registro si deve aver compiuti i 18 anni di età e non superato i 35. Il prelievo di midollo potrà avvenire, se il donatore conferma la propria disponibilità, sino al compimento del 55° anno.

Il prelievo del sangue midollare dal donatore viene di solito eseguito in anestesia generale, ma può essere richiesta anche l'anestesia epidurale. L'intervento, che comporta un ricovero in ospedale di due notti e alcuni giorni di convalescenza, consiste in ripetute perforazioni della cresta iliaca. La legge sul Registro nazionale assicura ai donatori, che si sottopongono al prelievo, permessi di lavoro retribuiti. La quantità da prelevare varia di solito da 300 a circa 1.200 grammi, in relazione al peso corporeo del ricevente. Il sangue midollare prelevato si riforma spontaneamente, tanto che il dono può essere ripetuto.

Le cellule donate vengono infuse nel ricevente per via endovenosa, di solito attraverso un catetere venoso centrale, e trovano da sole la strada per andare a collocarsi in modo giusto nel corpo e iniziare la propria benefica opera di riproduzione.

Chi desidera diventare donatore di midollo osseo o ricevere qualsiasi altra informazione sul trapianto di midollo può rivolgersi all'ADMO, attraverso il sito www.admo.it, oppure utilizzando l'indirizzo e-mail admo@iol.it. È anche possibile telefonare all'ADMO, sede Federazione italiana, utilizzando il numero 02.39000855 o richiedere materiale informativo al numero di fax 02.39001170.

Dal catalogo
Jaca Book

J. Bastaire, *Péguy, il non cristiano*, 1994
R.H. Benson, *L'amicizia di Cristo*, 1989/1992
G. Biffi, *Contro maestro Ciliegia. Commento teologico alle «Avventure di Pinocchio»*, 1982, ult. rist. 1999
G. Casoli, *L'incontro di due uomini liberi. Don Orione e Silone*, 2000
O. Clément, *Riflessioni sull'uomo*, 1975, N.E. 1991
J. Corago, *Dar vita a una vita. Romanzo da un'esperienza*, 2001
Fraternità delle Piccole sorelle di Gesù (a cura di), *Magdeleine di Gesù*, 1999
E. Ghini, *La voce della colomba*, 1986, N.E. 1990
E. Ghini, *Il cigno. Rilettura di una fiaba di Andersen: «Il brutto anatroccolo»*, 1990/1995
E. Ghini, *Il vecchio lampione*, 1997
Lanza del Vasto, *L'Arca aveva una vigna per vela*, 1980, N.E. 1995
C.S. Lewis, *I quattro amori. Amore, Amicizia, Eros, Carità*, 2001[3]
C. Martindale, *Santi*, 1982, N.E. 1992
C. Péguy, *I Misteri*, 1978, N.E. 1997, ult. rist. 2001
A. Sicari, *Ci ha chiamati amici, Laici e consigli evangelici*, 2001
J. Vanier, *La comunità luogo del perdono e della festa*, 1980, N.E. 1993, ult. rist. 2000
J. Vanier, *La sfida dell'Arca*, 1984
J. Vanier, *Li fece uomo e donna. Per una vita d'amore autentica*, 1986/1997

Finito di stampare nel mese
di luglio 2005
da Ingraf srl, Milano